Inhalt

Wie alles begann **6**
Einleitung **8**

Plötzlich Mama **10**

Und dann: alles anders **12**

Wir sind hier nicht bei „Wünsch dir was!",
sondern bei „So isses!" **16**

Not a Kinderspiel: Mit eigenen Gefühlen umgehen
und eigene Bedürfnisse erkennen **22**

Kinder sind keine kleinen
Erwachsenen **42**

Der Morgen **46**

Morgendliche Hürden **48**

Was, wenn mein Kind unbedingt *diesen*
einen Pulli anziehen möchte? **50**

Wie schaffe ich es, morgens entspannter
aus dem Haus zu kommen? **58**

„Jetzt trödel doch nicht so!" – Was, wenn mein Kind auf
dem Weg in die Kita jeden Stein umdreht? **66**

Wie kann ich meinem Kind den Abschied
in der Kita leichter machen? **74**

Der Mittag 82

Na Mahlzeit! **84**

Was mache ich, wenn mein Kind ständig naschen will? **86**

Wie schaffe ich es, dass mein Kind am Tisch sitzen bleibt? **94**

Wenn die Fetzen fliegen – Wie lässt sich Geschwisterzoff am besten schlichten? **102**

Ab wann braucht mein Kind keinen Mittagsschlaf mehr? **110**

Der Nachmittag 118

Trubel am Nachmittag **120**

Warum ist das Abholen aus dem Kindergarten so aufreibend? **122**

Warum will mein Kind nicht teilen? **130**

Endgegner Trotzanfall – Wie werden wir das schnell wieder los? **138**

Hauen, beißen, treten – Wie kommen wir da bloß heil wieder raus? **146**

Der Abend 154

Und jetzt: Endspurt **156**

Immer dieses Chaos – Wie lernt mein Kind,
sein Zimmer aufzuräumen? **158**

Jeden Abend das Gleiche – Warum will mein
Kind seine Zähne nicht putzen? **166**

„Ich bin noch gar nicht müde!" –
Warum will mein Kind abends nicht ins Bett? **174**

Die Sache mit dem Schlaf –
Kann wirklich jedes Kind schlafen lernen? **182**

Nachwort **190**
Von Herzen Danke **191**

Die Mamsterrad-Pyramide **26**
Unsere Gefühle, eine Auswahl **32**
Unsere Bedürfnisse, eine Auswahl **36**

Wie alles begann

Manchmal findet man das Glück nicht, wenn man danach sucht – man wird von ihm gefunden. So begann unsere Geschichte und damit auch die vom Mamsterrad.

Es war ein Tag im November 2018, als der Satz „Hi, ich bin Imke und auf der Suche nach einer Bloggerin, die über mein Event für erschöpfte Mamas berichten möchte" *endlich* unser beider Wege kreuzen ließ. Imke hatte Judith gerade erst bei Instagram entdeckt, aber weil sie ihr so sympathisch war, nicht lange gefackelt und sie direkt angeschrieben.

Endlich, denn eigentlich hätten wir uns schon vor Jahren treffen müssen: Wir wohnten in derselben Straße, joggten dieselben Runden, frühstückten in denselben Cafés, versackten in denselben Bars, fanden die Liebe und heirateten. Wir bekamen unser erstes Kind, ein Kind, das uns das Muttersein relativ leicht machte, und unser zweites, das unser Leben ordentlich auf den Kopf und uns vor ganz schöne Herausforderungen stellte – und all das jeweils im Abstand von genau drei Jahren.

Seit diesem Tag im November gehen wir einen großen Teil unseres Weges gemeinsam. Aus einer anfänglichen Arbeitsbeziehung zwischen Mama-Coach und Redakteurin hat sich eine tiefe Freundschaft entwickelt, die uns gemeinsam zum „Mamsterrad" geführt hat – und dich mit seiner Hilfe hoffentlich aus deinem wieder raus.

Aus einem Podcast, der aus einer Milchkaffee-Laune heraus entstanden ist, ist inzwischen so viel mehr geworden: unsere Mission nämlich, Müttern zu helfen, sich selbst und ihre Kinder besser zu verstehen und auf liebevolle Weise stressige Herausforderungen im Alltag mit mehr Leichtigkeit zu meistern.

Wie schon in unserem Podcast, haben wir uns auch in diesem Buch dafür entschieden, in erster Linie Mütter anzusprechen, weil wir ihnen die Hilfestellung bieten wollen, die wir selbst gesucht haben, aber nicht finden konnten. Selbstverständlich dürfen auch Papas, Omas, Opas, Tanten, Freundinnen und alle anderen in diesem Buch lesen und sich davon inspiriert fühlen – ist ja klar.

Wenn du dieses Buch nun also in den Händen hältst, verspürst du vielleicht genau diese Sehnsucht nach Inspiration zu mehr Leichtigkeit und Gelassenheit in deinem Leben. Wir wünschen dir von Herzen viele Aha-Momente beim Lesen, die dich deinem Ziel hoffentlich ein ganzes Stück näherbringen.

Und jetzt: Viel Spaß beim Lesen, Erfahren, Entdecken, Verstehen und Ausprobieren!

Von Herzen,
Imke & Judith

Einleitung

Puh, das Muttersein hattest du dir irgendwie leichter vorgestellt, oder? In den Medien, der Werbung und den sozialen Netzwerken sieht das immer so einfach aus. Sogar der Small Talk mit anderen Müttern auf Spielplätzen lässt bei dir oft nur einen faden Geschmack zurück – andere scheinen dieses ganze „Mama-Ding" viel besser zu meistern als du, sind gut gelaunt, erledigen alles nebenbei, ihre Kinder hören auf sie, und überhaupt wirken sie super entspannt und cool.

Aber weißt du was? Du bist mit deiner Empfindung gar nicht so allein, wie du glaubst. Aus unserer täglichen Arbeit wissen wir, dass es tatsächlich den *meisten* Müttern so geht. Denn Muttersein bedeutet nicht nur, ein Kind zu haben. Es ist die sensibelste, kritikanfälligste, verwundbarste und unvorhersehbarste Rolle unseres Lebens – und gleichzeitig auch die vielseitigste, überwältigendste und intensivste Herausforderung, vor die wir jemals gestellt wurden. Keine Bücher, Erfahrungsberichte, Schwangerschaftskurse, Apps oder Internetforen können uns auf das vorbereiten, was uns nach dem Mutter*werden* erwartete: das „MutterSEIN", was bedeutet, ein Kind in seinem ganzen Sein und Wollen und vor allem erst noch Werden zu begleiten und zwar am besten liebe- und verständnisvoll, ohne sich dabei selbst zu vergessen. Und genau hier kommen wir häufig an unsere Grenzen, zweifeln stark an uns, unseren Fähigkeiten und Entscheidungen und wissen nicht, wie es weitergehen kann.

Um unsere Kinder und ihre Entwicklung besser zu verstehen, müssen wir aber erst lernen, uns *selbst* besser zu verstehen. Diese Reise zu uns selbst erklärt uns auf der einen Seite unser Verhalten, zeigt uns auf der anderen auch unsere Grenzen auf. Wenn wir uns mit diesen auseinandersetzen, über unser Verhalten reflektieren, unser Empfinden ernst nehmen und uns selbst mit mehr Verständnis begegnen und nachsichtiger mit uns sind, ermöglichen wir uns, ein aufgeräumter und zufriedener Mensch zu werden. Das führt dann fast ganz automatisch zu mehr Harmonie in der Familie und damit in unserem Alltag.

Genau dabei wollen wir dich mit unserem Buch unterstützen. Dazu werden wir zunächst das Mutterwerden und -sein genauer unter die Lupe nehmen: Was erwartet uns, was erwarten wir selbst davon und wo liegen dabei unsere Herausforderungen? Diese werden dann in den nächsten Kapiteln anhand typischer, aber stark stilisierter Situationen im Tagesablauf beschrieben, in denen du dich als Mutter entweder direkt wiederfinden oder die du auf zu dir passende Begebenheiten übertragen kannst. Wir beleuchten, was in diesen Situationen eigentlich genau passiert – bei deinem Kind, aber auch bei dir.

Anschließend laden wir dich ein, dich selbst und deine Reaktionen genauer zu betrachten und dich und euren Alltag in Bezug auf verschiedene Fragestellungen zu reflektieren. Besorge dir dafür am besten ein schönes Büchlein, welches du gern in die Hand nimmst, um es mit deinen Gedanken und für dich wertvollen Erkenntnissen zu füllen.

Zu guter Letzt geben wir dir noch ein bisschen Werkzeug mit an die Hand: ein paar Ideen und Anregungen, wie du künftig in ähnlichen Situationen anders reagieren kannst.

Verstehe das Buch also weniger als Ratgeber und eher als treuen Begleiter auf dem Weg dahin, eine gelassenere Mama zu werden, die, anstatt sich erschöpft von einer Phase in die nächste zu hangeln, wieder mehr Spaß daran hat, ihre Kinder beim Wachsen zu genießen!

PLÖTZLICH MAMA

Und dann: alles anders

Erinnerst du dich an deine Schwangerschaft, die Zeit, bevor du zum ersten Mal Mutter wurdest? Irgendwie fühlte sich das magisch an, all die Gedanken an das kleine Wesen, das da in deinem Bauch heranwuchs, die Fantasien, wie es sein würde, wenn es endlich da wäre, wie es wohl wäre, bald Mutter zu sein. Du lebtest wahrscheinlich in einer „Baby-Blase", hast alle Informationen rund um das Thema aufgesaugt: Höchstwahrscheinlich wusstest du genau, in welcher Schwangerschaftswoche du dich gerade befandest, auf den Tag genau (+3), und hast den Wochenwechsel jedes Mal aufs Neue zelebriert. Du wusstest, ob das Baby in deinem Bauch groß wie eine Avocado war oder schon wie eine Orange, was es ungefähr wog, was du selbst essen durftest und was nicht und dass die Kiste Wasser besser von jemand anderem gehoben werden sollte. Vielleicht hast du Sport- oder Schwimmkurse für Schwangere besucht, Babykleidung gekauft, Umstandsklamotten besorgt, noch mehr Babykleidung gekauft und nach und nach die Wohnung umgestaltet. Du hast dir sämtliche Kranken- oder Geburtshäuser in der Umgebung angesehen und bestimmt auch in Geburtsvorbereitungskursen die „Pferdeatmung" trainiert.

Vielleicht war deine Schwangerschaft auch eher anstrengend, die ersten Wochen war dir speiübel, dann war ein Nerv eingeklemmt, und diese Stützstrümpfe im Sommer waren auch nicht so der Hit. Herrje, wie soll man diese festen Dinger auch anziehen, wenn man sich nicht mal mehr allein die Schuhe zubinden kann? Du hast vielleicht keine Hebamme bekommen, die Symphyse hat dir das Leben (Laufen, Stehen, Liegen) schwer gemacht, und die Treppen ins dritte Stockwerk zu deiner Wohnung waren täglich eine Herausforderung.

Wie auch immer: Das Ende dieser beschwerlichen Zeit war absehbar. Auch, wenn 40 Wochen ein enorm dehnbares Zeitfenster sein können und du zu keiner Zeit ganz sicher sein konntest, wann diese „10 Monate" um sein würden – du wusstest: Früher oder später würdest du deine kleine Zuckerschnute endlich in den Armen halten dürfen.

Und: Du warst – vermutlich – nur für dich selbst verantwortlich. Wenn du eine Pause brauchtest, konntest du sie dir wahrscheinlich einräumen oder abends früher ins Bett gehen und mal so richtig durch- und ausschlafen. Wenn du Hunger hattest, hast du gegessen, und wenn du zur Toilette musstest, bist du einfach gegangen – gegen Ende der Schwangerschaft wahrscheinlich mindestens 17-mal am Tag (nachts nicht mitgerechnet).

Rückwirkend betrachtet, war dir die Bedeutung dieser Freiheit, vor allem die Möglichkeit, selbstbestimmt zu leben, damals gar nicht richtig bewusst. Vielleicht hättest du sie sonst noch mehr genossen, oder?

Dann war er endlich da, der Moment, der dir dein Baby schenkte und dich zur Mutter machte. Eine Welle voller Liebe überrollte dich förmlich, und es kam dir vor, als hätte dich jemand in Watte gepackt. Die Zeit schien stillzustehen, du hast dein Baby die halbe Nacht angehimmelt ohne müde zu werden und konntest dein Glück kaum fassen.

Vielleicht warst du aber auch ganz überrumpelt von dem Gefühl, plötzlich für einen „echten" kleinen Menschen verantwortlich zu sein. Zu aufgekratzt, um zu schlafen, aber zu erschöpft, um die Zeit „sinnvoll" zu nutzen, und so hast du dich die ganze Nacht lang gefragt, wie es jetzt eigentlich weitergeht, ob du dem Ganzen überhaupt gewachsen bist und ob du je wieder richtig schlafen können wirst – und ein bisschen Verzweiflung gespürt, als dir klar wurde, dass das jetzt dein neues Leben ist.

Und dann kamst du nach Hause – mit deinem Baby, mit deinem eigenen Kind! Darauf hattest du dich so gefreut, vielleicht stand es dir aber auch bevor. Schon der Heimweg hat dich vielleicht angestrengt, die Welt da draußen war wild und rau und fürchterlich laut. Und statt dich dann zu Hause richtig sicher zu fühlen, fühltest du dich alles andere als das. Denn plötzlich wurde dir klar: Du hattest dich zwar bestens auf die Geburt vorbereitet. Aber vom Muttersein hattest du nicht die leiseste Ahnung, und eine Gebrauchsanweisung für dein Kleines hat dir auch niemand mitgegeben.

Ab jetzt waren Gefühlsschwankungen an der Tagesordnung, überhaupt hast du damals erst begriffen, wie sehr du zu *fühlen* in der Lage bist und was „sich Sorgen machen" tatsächlich bedeutet.

Plötzlich war alles anders.

Die nächsten Monate habt ihr als Familie damit zugebracht, euch aufeinander einzuspielen, kleinere und größere Sorgen zu vertreiben, kleine und größere Probleme zu lösen und einander besser kennenzulernen. Mal lief es rund, mal eierte es eher bergab, aber kein Wunder, es ruckelt schließlich immer ein bisschen, wenn das Leben in einen anderen Gang schaltet.

Irgendwann seid ihr dann angekommen: Ihr seid zu einem guten Team geworden, ihr habt eure Routinen im Alltag – ihr *habt* wieder einen Alltag. Doch gerade, als du das erfreut und auch ein bisschen überrascht feststellst, ruckelt es wieder. Und zwar gewaltig. Denn dein Baby hat sich – fast unbemerkt – inzwischen zu einem fidelen Kleinkind entwickelt, das plötzlich den Kopf voller Flausen und einen so starken eigenen Willen hat, dass es dir manchmal fast den Atem raubt. Weil es den so unbedingt durchzusetzen versucht – notfalls lautstark und über drei Oktaven. Zack, schon wieder ist alles anders.

Wir sind hier nicht bei „Wünsch dir was!", sondern bei „So isses!"

Also beginnen wir von vorn, richten uns neu aus und versuchen, unseren Fokus wieder zu schärfen. Doch woran merken wir jetzt, ob wir auf dem richtigen Weg sind?

Bevor wir Mutter wurden, haben wir in einem klaren Raster gelebt. Bis wir alt genug waren, eigene Entscheidungen zu treffen und Wege zu gehen, wurde uns klar vorgegeben, was und vor allem wie es zu tun war. Wir wurden beurteilt und mal stärker, mal weniger stark geleitet von unseren Eltern, unseren Freunden, unseren Erzieherinnen, den Lehrern und Lehrerinnen oder auch Professoren und Professorinnen.

Später haben wir uns für einen Beruf entschieden, wurden darin ausgebildet, eingearbeitet und konnten uns anhand bestimmter Parameter selbst messen oder messen lassen. Wenn uns etwas gut gelang, erhielten wir Lob und Anerkennung. Wenn Fehler passierten, wurden sie uns – mal mehr und mal weniger verständnisvoll – aufgezeigt, oft mit einem Hinweis, wie es in Zukunft (gefälligst!) besser zu machen wäre, und wir korrigierten sie. Am Ende des Monats gab es selbstverständlich ein Gehalt, für besondere Leistungen, manchmal sogar einen Bonus. Auf dieses „Funktionieren auf Basis eines Belohnungssystems" wurden viele von uns mit Töpfchentraining, Fleißbienchen und ähnlichem schon von Kindesbeinen an trainiert, und das hat auf unser Selbstbewusstsein, auf den Blick, mit dem wir uns selbst sehen, Einfluss genommen.

Hinzukommt, dass Arbeits- und Pausenzeiten stets genau definiert und gesetzlich oder vertraglich vereinbart waren, nach Feierabend oder am Wochenende konnten wir uns erholen, unsere eigenen Interessen verfolgen, für uns sein. Uns aus*powern* oder aus*ruhen, wir allein* hatten die Wahl.

In unserer Rolle als Mutter ist aber selten plötzlich jemand da, der unser Belohnungssystem füttert und uns wissen lässt, ob das, was wir gerade machen, gut – oder gut genug – und wirklich richtig ist. Die messbaren Parameter sind scheinbar über Nacht komplizierter und verwaschener geworden, zwar gibt es Expertinnen und Ansprechpartner für besondere Nöte und Fragen, aber niemals den einen allgemein- und immer gültigen richtigen Ratschlag und Weg.

Außerdem fehlt es enorm an Lob, Anerkennung und Wertschätzung oder wenigstens Feedback für das, was wir den ganzen Tag über tun (und oft auch in der Nacht): das Kind pflegen, wickeln, anziehen, umziehen, wickeln, füttern, dazu einkaufen, kochen, backen, pürieren, wickeln, uns umziehen, gefrieren, auftauen, beschäftigen, tragen, pusten, trösten, wickeln, zum Lachen bringen, vorlesen, vorsingen, vorsummen, zum Schlafen bringen, behutsam aufwecken, wickeln, aufräumen, putzen, suchen … Obwohl wir unser Bestes geben, plagen uns dennoch oft Zweifel, ob es in „die richtige Richtung" geht, wie wir mit unserem Kind umgehen. Ein Ausgleich, wie wir ihn aus unserem Leben vor den Kindern kannten – finanziell und auch immateriell –, bleibt zusätzlich oft aus, wir werden nicht offiziell für unseren Einsatz entlohnt.

Insbesondere in anstrengenden und herausfordernden Phasen, die an den Nerven zehren und uns alles abverlangen, in denen unsere Tage zu laut und unsere Nächte zu kurz sind, in denen wir manchmal vor Müdigkeit die Augen nicht offenhalten und vor Erschöpfung kaum noch geradeaus laufen können, kann das alles zusammengenommen gigantisch frustrieren.

Und um dem Ganzen die Krone aufzusetzen: Wir haben selten noch eine Wahl. Die Möglichkeit, mal selbstbestimmt zu verschnaufen oder genügend zu schlafen, geregelt und in Ruhe zu essen oder gar die Toilettentür zu schließen (geschweige denn *zu*zuschließen), gibt es oft nicht mehr. Was wir tun und wann wir es tun, liegt nicht mehr in unserem Ermessen, sondern wird fremdbestimmt – vorgegeben von einem kleinen, entzückenden Wesen (keine Frage!), das uns hin und wieder immerhin durch ein Lächeln oder ein feuchtes Küsschen entschädigt. Das ist der Strohhalm, an den wir uns klammern und über den wir zu definieren beginnen, ob wir eine gute Mutter sind.

Leider wiegen die Momente, in denen unsere Kinder weinen, wüten oder „nur" unzufrieden sind, in denen sie uns hauen oder gar vor uns weglaufen, oft schwerer. Wir nehmen diese Reaktionen persönlich, empfinden sie als Bewertung, fühlen uns kritisiert, hadern mit uns, ohne einen Ausweg zu erkennen. Gleichzeitig ist uns solches Verhalten unserer Kinder auch noch unangenehm vor anderen, denn was wirft es für ein Licht auf uns als Mutter, wenn unser Kind so „ungezogen" ist und uns scheinbar von sich wegstößt?

Unser Selbstbewusstsein schwindet, wir sind häufig unsicher und immer auf der Suche nach kleinen oder größeren Wegweisern, die uns in der Richtung, die wir gewählt haben, bestätigen oder wenigstens zeigen, wohin unser Weg sonst führen sollte.

Wenn wir nun versuchen, Vorbilder und Rollenbilder zu finden, an denen wir uns orientieren können, ziehen wir, meist unbewusst, erlernte Muster zurate. Wir erinnern uns an unsere eigene Kindheit und an die Erfahrungen, die wir gemacht haben. Oder wir vergleichen uns mit anderen Müttern, Bekannten oder Unbekannten im Freundeskreis, in der Kita, auf dem Spielplatz, auf der Straße. Wie kann es sein, dass bei anderen immer alles so leicht aussieht, so viel einfacher funktioniert? Dass andere Kinder „besser mitmachen", nicht so viele Wutanfälle haben, mehr schlafen?

Aber was, wenn es den *einen* richtigen Weg gar nicht gibt? Was, wenn jede und jeder etwas anderes denkt, weiß, erfahren hat oder ganz anders leben *will?* Dazu ist auch wichtig zu wissen: Ratschläge von außen verunsichern uns meist mehr, als dass sie helfen. Sie verstärken eher den Druck, der ohnehin schon auf uns lastet, alles richtig zu machen, als ihn zu lindern. Unsicherheiten und Zweifel wachsen in uns. Was bleibt, ist die alles entscheidende Frage: „Bin ich eigentlich eine gute Mutter?" (Mit der ganz leisen, ängstlichen und immer wieder garstig geflüsterten

Antwort in uns: „Nein, das bist du nicht. Das kann gar nicht sein. Du hattest dir das doch alles ganz anders vorgestellt.")

Dieser Eindruck kommt nicht von ungefähr, denn wir sind für unser Empfinden viel zu oft genervt, diskutieren, schimpfen, drohen, schreien – und handeln damit nicht selten gegen unsere eigene Überzeugung, denn genau das wollen wir eigentlich gerade *nicht*. Häufig können wir aber nicht anders reagieren, denn wir wissen schlichtweg nicht, wie. Wir haben in unserer eigenen Kindheit den Umgang mit stressigen Situationen nicht gut gelernt, fühlen uns hilflos, (er)kennen keinen Ausweg mehr und „verlieren die Fassung". Im Nachhinein erschrecken wir dann selbst vor der Wucht, mit der längst vergessene Sätze aus uns herausgepoltert kommen, die wir so doch eigentlich nie hatten sagen wollen.

Hinzukommt, dass die Gesellschaft ein Mutterbild geprägt hat und noch prägt, welches unsere Ansprüche an uns selbst noch anheizt, weil es uns eine Vorstellung davon vermittelt, wie wir zu sein und was wir zu fühlen haben. Wir vergleichen uns also mit unseren eigenen Müttern, die „das doch früher auch geschafft" haben und in unserer Erinnerung auch wirklich immer alles im Griff hatten. Zusätzlich suggerieren uns die Medien, dass man mit Kindern „uneingeschränktes Mutterglück" zu verspüren (und versprühen!) hätte, schließlich hätten wir doch Kinder gewollt. Soziale Medien wie Instagram und Facebook gießen dabei oft noch Öl ins Feuer, denn obwohl glücklicherweise immer mehr Mütter von den anstrengenden Zeiten des Mutterseins berichten, sieht man häufig Bilder von perfekten Kindern mit perfekten Müttern in perfekten Häusern.

Das Leben als Mutter ist besonders in den ersten Jahren aber eben selten stressfrei, denn 24 Stunden „im Einsatz" zu sein, fremdbestimmt und mit wenig Schlaf und vor allem dem eigenen Anspruch, es perfekt machen zu wollen, setzt uns natürlicherweise dauerhaft unter Anspannung. Das führt dazu, dass unsere Körper das wiederholt ausgeschüttete

Cortisol (ein Hormon, das bei enormem Stress ausgeschüttet wird) gar nicht mehr gänzlich abbauen kann. Folgen sind geistige und körperliche Erschöpfung, Konzentrationsschwierigkeiten bis hin zu Gedächtnisverlust, schlechter Schlaf und das Gefühl, sich im eigenen Körper nicht mehr wohlzufühlen.

Unser **Mamsterrad** rattert und dreht sich also nicht nur pausenlos wie wild, es rast dabei auch noch bildlich bergab, und uns fehlen die Werkzeuge und Ideen, wie wir es wieder anhalten können. Wo, verflixt noch eins, ist bloß die Bremse?

Not a Kinderspiel:
Mit eigenen Gefühlen umgehen und eigene Bedürfnisse erkennen

Die Sache mit den Gefühlen

Im ersten Kapitel stand es bereits schwarz auf weiß: Welche puren Gefühle wir zu fühlen in der Lage sind, wie umfassend, tief und überwältigend sie uns treffen können, erkennen viele von uns in aller Deutlichkeit und Intensität erst mit dem Muttersein. Klar haben wir auch vorher schon Liebe für jemanden empfunden und waren mal wütend. *Wie* bedingungslos wir aber wirklich lieben und wie verzweifelt-wütend wir tatsächlich werden können, davon hatten wir bisher noch keinen echten Schimmer.

Wenn wir Mutter sind, erleben wir also oft sämtliche Formen der Gefühlswelt stärker und inniger als jemals zuvor. Das zeigt sich zum Beispiel dann, wenn es uns förmlich den Atem raubt, wenn unser Baby das erste Mal lächelt oder sich die Ärmchen eines Kleinkindes um unseren Hals schlingen. Aber auch, dass wir vor Ungeduld nahezu explodieren möchten, wenn die 17. Erbse unter den Tisch rollt oder ein gewisser Jemand abends seine Augen einfach nicht zumachen möchte, obwohl er oder sie sichtbar hundemüde ist.

Während wir die „positiven" Gefühle also bestaunen und uns über sie freuen, überrollen uns die „negativen" wie Wut oder Frustration in manchen Situationen derart, dass wir völlig überfordert sind, nicht wissen, was wir tun sollen und uns richtig über unsere eigene Reaktion erschrecken. Wir erkennen im Nachhinein zwar meistens, dass wir überreagiert haben und können uns womöglich und hoffentlich entschuldigen, schaffen es aber auch in Zukunft irgendwie nicht, an unserer unkontrollierten Reaktion in Situationen, die uns je nach Tagesform mal mehr und mal weniger extrem herausfordern, etwas zu ändern.

Ein Stück weit lässt sich diese irre intensive Gefühlswelt sicherlich auf unseren Hormonhaushalt zurückführen, der durch Schwangerschaft und

Geburt ordentlich durchgeschüttelt wurde. Aber Hormone sind nicht die alleinige Erklärung. Auch alles, was wir in unserem Leben erlebt und erfahren haben, hat uns tief geprägt und führt zu „automatisch" ablaufenden Mustern in bestimmten, besonders intensiven Gefühlssituationen. Hinzukommt noch, dass viele von uns in ihrer Kindheit nicht gelernt haben, mit vermeintlich „negativen" Gefühlen auf eine konstruktive Weise (oder überhaupt irgendwie) umzugehen. Manche Gefühle wurden kleingeredet, wenn wir beispielsweise hingefallen waren und uns die Knie aufgeschürft hatten: „Ach, Schatz, das war doch gar nicht schlimm, ist ja zum Glück nichts passiert." Oder „Ach komm, sei stark, Jungs weinen nicht!". Sicherlich sollten uns Sätze wie diese einfach nur trösten und aufmuntern. Doch unsere Gefühle wie der Schreck über den Sturz oder der Schmerz auch wegen einer kleinen Wunde waren ja da. Und darum passte die Aussage der Erwachsenen, dass nichts geschehen sei, nicht so recht dazu. Andere Gefühle durften gar nicht erst stattfinden. Kindliche Reaktionen auf eigene Wut oder Enttäuschung wurden häufig mit einem „Das macht man nicht!" oder „Das gehört sich nicht!" untersagt. Und sogar eigentlich „gute" Gefühle wie große Freude mussten am besten still stattfinden: „Jetzt schrei doch nicht so laut, was sollen die Leute denken?!"

Nun muss man fairerweise sagen, dass auch die Mehrheit der Generation unserer Eltern selbst nie gelernt hat, mit ihren großen Gefühlen umzugehen. Sie handelte im Umgang mit uns als Kindern genau wie wir heute, gemäß ihrer eigenen kindlichen Prägung.

Dieser „Teufelskreis" hat dazu geführt, dass wir als heutige Eltern ganz verlernt haben, unseren Gefühlen Raum zu geben und entsprechend mit ihnen umzugehen. Aus anfänglicher, noch kindlicher Verunsicherung wurde die Unfähigkeit, Vertrauen in unsere „echten" Gefühle zu entwickeln, sie zu erkennen, zuzulassen, anzuerkennen und zu *nutzen*.

Mit der Zeit festigte sich so auch ein Bild von uns selbst, das darauf basiert, wie *andere* uns wahrnehmen. Das hat zur Folge, dass wir nicht selten mit uns und unseren Entscheidungen und Reaktionen hadern, weil wir kein gesundes Selbstvertrauen entwickelt haben. Denn ein gesundes Selbstbewusstsein wächst aus dem Erkennen seiner eigenen Gefühle und Empfindungen und dem Vertrauen in diese und damit eben in sich selbst. Oder, um es auf eine „pragmatische" Ebene herunterzubrechen: Im Alltag fehlt es uns oft an Handlungsalternativen in besonders herausfordernden Situationen, die starke Gefühle in uns wecken.

Dabei dürfen und *müssen* „negative" Gefühle stattfinden, denn sie sind ein wichtiges Signal für ein unerfülltes Bedürfnis. Es ist an uns, auszumachen, ob dieses „negative" Gefühl echt oder durch unsere **automatisch ablaufenden Gedanken** (das sind die Phrasen, die uns oft in den Kopf schießen, wenn beispielsweise unsere traditionell gelernte Idealvorstellung, wie etwas zu sein hat oder was von uns erwartet wird, von der Realität abweicht) verfälscht ist. Je weniger wir unsere Gefühle und damit uns selbst kennenlernen durften, desto stärker werden wir durch diese automatisch ablaufenden Gedanken beeinflusst. Die gute Nachricht: Je mehr wir uns mit genau diesen auseinandersetzen und versuchen, ihren Ursprung zu finden und zu hinterfragen, desto weniger haben sie die Möglichkeit, unsere Reaktionen auf herausfordernde Alltagssituationen, auf die wir später im Buch beispielhaft noch genauer eingehen, regelrecht zu „vergiften".

Und *noch* eine gute Nachricht: Was vielleicht erst mal nach Arbeit und Mühe klingt (okay, und viel Mühe und Arbeit *ist)*, führt langfristig zu größerem Selbstvertrauen und Zufriedenheit. Und wer will das bitte schön nicht?

Was können wir also tun, um das zu erreichen?

Im Grunde geht es darum, unsere „negativen" Gefühle wertzuschätzen und sie als Stärke zu nutzen; sie vor allem nicht als Schwäche zu sehen, sondern als eine Art „Warnung", dass etwas in uns und unserem Leben nicht im Lot ist.

Und wie machen wir das?

Hier kommt unsere **Mamsterrad-Pyramide** ins Spiel, die dir ein Begriff ist, wenn du unseren Podcast kennst.

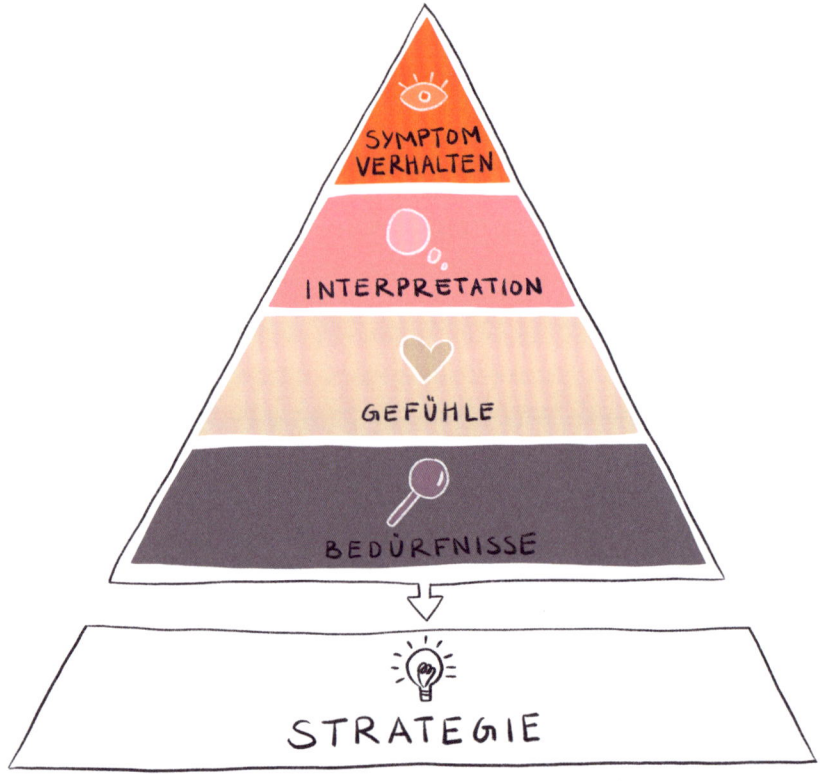

Um ein bisschen greifbarer zu machen, was die verschiedenen Ebenen der Pyramide genau bedeuten, stellen wir uns einmal folgende Situation vor: Du bist mit deinem Kind auf dem Spielplatz und möchtest gehen. Dein Kind hingegen hat andere Pläne und flitzt schnell in Richtung Schaukel davon.

Was **siehst** du? Du siehst, dass dein Kind vor dir wegläuft. In deinem Kopf laufen jetzt automatisch möglicherweise folgende Gedanken ab: „Nie macht mein Kind das, was ich sage!" oder „Warum muss ich immer alles hundertmal sagen?" – Du *bewertest* die Situation ganz automatisch. Ausgelöst durch deine Prägung und dein eigenes Bild von dir, unterstellt dein Unterbewusstsein deinem Kind Absichten, die es nicht hat und noch gar nicht haben kann, weil es kognitiv dazu noch gar nicht fähig ist. Während dein Kind also möglicherweise einfach noch nicht fertig ist mit schaukeln, interpretierst du in seine Reaktion hinein, dass es dich provozieren oder einfach nicht auf dich hören will.

Diese, deine automatisch ablaufenden Gedanken beeinflussen dann deine **Gefühle**, sie machen dich vielleicht traurig, wütend oder frustriert. Statt dann angemessen auf die *Situation* zu reagieren, reagierst du ausschließlich auf die *Gefühle*, die durch deine unterbewusste Bewertung der Situation entstehen – und zwar impulsiv und oft übertrieben. Du fährst vielleicht völlig aus der Haut, meckerst und drohst deinem Kind Strafen oder Verbote an, die es jedoch nicht „zur Vernunft bringen", sondern seinen Unmut noch verstärken und es raketesque in einen ausgemachten Wutanfall hineinmanövrieren.

Um Handlungsalternativen zu entwickeln, sollten wir also zuerst unsere automatisch ablaufenden Gedanken und die daraus entstehenden Bewertungen infrage stellen.

Wenn du die oben geschilderte Situation neutral beobachten würdest, was würdest du wahrnehmen? Zwei Personen sind sich uneinig. Punkt. Die Mama möchte nach Hause gehen, weil es vielleicht schon spät ist, noch etwas ansteht oder sie schlichtweg müde ist. Das dahinterstehende **Bedürfnis** ist meist das nach Ruhe oder Pünktlichkeit. Das Kind hingegen lebt nur im Hier und Jetzt, es kennt noch keine Zeiten und Termine. Bei ihm steht die eigene Bedürfnisbefriedigung an erster Stelle: Es möchte einfach noch nicht nach Hause, es will nicht, dass der Tag schon zu Ende geht. Es handelt darum nicht *gegen dich,* sondern nur *für sich.*

Hier krachen einfach zwei unterschiedliche Bedürfnisse aufeinander. Es ist nicht mehr, aber auch nicht weniger. Das schreit doch regelrecht nach einer Kompromisslösung, mit der beide Seiten leben können, oder nicht? Weil aber unsere automatisch ablaufenden und wertenden Gedanken unsere Einschätzung „vergiften", reagieren wir über und haben keine Möglichkeit, wohlwollend auf unser Kind oder auch auf uns selbst zu schauen. Denn würden wir einen Moment tief durchatmen und genauer hinsehen, könnten wir unser eigentliches Bedürfnis wahrnehmen und auch das unseres Kindes und eine bessere beziehungsweise zielführendere Strategie wählen, um zu unserem gewünschten Ergebnis zu gelangen, anstatt uns von unserer Interpretation in die Irre führen zu lassen und impulsiv loszupoltern.

Und das ist fast immer der Knackpunkt: Jede Person, ob groß oder klein, jung oder alt, hat Bedürfnisse. Natürlich sind diese nicht immer in allen Situationen bei allen gleich und können manchmal sogar ganz gegensätzlich sein. Aber sie alle haben ihre Berechtigung. Wenn wir verstanden haben, dass Bedürfnisbefriedigung keine Einbahnstraße ist, wird es uns möglich sein, *allen* Bedürfnissen Raum zu geben, sie ernst zu nehmen und eine Lösung, oder nennen wir es einen Kompromiss, zu finden, der für alle für den Moment annehmbar ist. So schaffen wir es, unser Zusammenleben deutlich harmonischer zu gestalten.

„Negative" Gefühle
deuten auf unerfüllte
Bedürfnisse hin. Ein Bedürfnis
wiederum weist immer auf einen
Mangel an etwas hin, der für unser
Wohlbefinden ganz allgemein, unsere
gute Gesundheit im Besonderen,
teilweise und in Extremsituationen
sogar für unser Überleben
ausgeglichen werden
muss.

Die Reflexion: Gefühle

„Selbstfürsorge ist alltagstauglich" ist ein Satz, den du vielleicht schon öfter in unserem Podcast gehört hast. Selbstfürsorge bedeutet für uns vor allem, in Beziehung mit sich selbst zu sein, sich im Blick zu behalten und sich regelmäßig zu fragen, wie es einem *wirklich* geht. Welche Gefühle empfindest du also in Situationen, die dich immer wieder vor große Herausforderungen stellen? Auf der nächsten Seite findest du eine Auflistung möglicher Gefühle, an der du dich bedienen kannst.

Erinnerst du dich an eine Situation aus den letzten Tagen, in der du dich geärgert hast und die vielleicht in deinem Alltag häufiger vorkommt?

. . . .

. . . .

. . . .

Kannst du dich erinnern, was du in dieser Situation gedacht hast bzw. was genau dich in dem Moment wütend, ärgerlich oder traurig gemacht hat?

. . . .

. . . .

. . . .

Was, glaubst du, war eine unterbewusst interpretierte Bewertung deinerseits der entsprechenden Situation und was entsprach rückblickend der Realität?

. . . .

. . . .

. . . .

. . . .

. . . .

. . . .

Vielleicht zeigen dir die Ergebnisse schon, dass zwischen der objektiven Betrachtung einer Situation und deiner unterbewussten Bewertung derselben Welten liegen können. Wie hättest du die Situation empfunden, wenn dein Empfinden nicht von deinen automatisch ablaufenden Gedanken gelenkt worden wäre?

. . . .

. . . .

. . . .

UNSERE GEFÜHLE
(eine Auswahl)

aufgeblüht · aufgedreht · aufgeregt
aus dem Häuschen · ausgeglichen
ausgelassen · ausgeruht · beeindruckt · beflügelt
befreit · begeistert · belebt · bereichert
beruhigt · berührt · bewegt · dankbar
energiegeladen · entschlossen · entspannt · erfreut
erfüllt · erholt · erleichtert · erstaunt · euphorisch
fasziniert · frei · friedlich · fröhlich · gelassen
gelöst · gerührt · geschützt · gespannt · gesund
glücklich · gut gelaunt · harmonisch · hingerissen
hoffnungsvoll · inspiriert · interessiert · klar · kraftvoll
lebendig · lebhaft · leicht · locker · lustig · mitfühlend
motiviert · munter · nah · neugierig · offen
optimistisch · ruhig · sanft · schwungvoll · selig
sicher · sorglos · stark · stolz · übermütig · überrascht
überwältigt · unbeschwert · verblüfft · vergnügt
verliebt · versunken · verträumt · verzaubert · wach
weich · wohl · zufrieden · zuversichtlich

abgespannt · abgestoßen · abwesend · alarmiert
allein · am Boden zerstört · angespannt · angestrengt
ängstlich · antriebslos · ärgerlich · aufgebracht
aufgeregt · aufgewühlt · ausgebrannt · ausgelaugt
bedrückt · belastet · beschämt · besorgt · betroffen
beunruhigt · blockiert · deprimiert · durcheinander
eifersüchtig · einsam · empört · energielos · entsetzt
enttäuscht · erschöpft · erschrocken · fassungslos
feindselig · fremd · frustriert · geknickt · geladen
gelähmt · gelangweilt · gereizt · gestresst
gleichgültig · grummelig · hilflos · hoffnungslos
irritiert · kaputt · kraftlos · lustlos · missmutig · müde
mulmig · neidisch · nervös · ohnmächtig · ratlos
ruhelos · sauer · schockiert · schuldig · traurig
trotzig · überfordert · überlastet · unentschlossen
unerfüllt · ungeduldig · unglücklich · unruhig · unwohl
unzufrieden · verloren · verspannt
verwirrt · verzweifelt · wütend · zappelig · zornig

Die Sache mit den Bedürfnissen

Bevor wir Mutter wurden, gehörte die Erfüllung zumindest unserer eigenen Grundbedürfnisse wie essen, trinken, schlafen selbstverständlich zu unserem Alltag dazu. Wir haben schon im Kapitel „Und dann: alles anders" darüber gesprochen. Was es mit uns macht, wenn die Bedürfnisse über einen längeren Zeitraum unerfüllt bleiben, war uns gar nicht richtig bewusst, denn im Extrem hat das (hoffentlich) nicht stattgefunden. Nach der zweiten durchgetanzten Nacht haben wir uns zum Beispiel nach adäquatem Ausschlafen mit Eiscreme und Pizza auf unsere Couch verzogen.

Über die Grundbedürfnisse hinaus gibt es übrigens noch eine Vielzahl anderer Bedürfnisse, die uns oft nicht mal bewusst sind. Darunter fallen beispielsweise Individualität, Wertschätzung und Sicherheit, aber auch Ordnung und Struktur oder Verständnis. Auf der nächsten Seite findest du eine Übersicht dieser möglichen Bedürfnisse, die sicherlich auch dich bewegen.

Mit unseren Kindern zog auch die absolut hohe Wahrscheinlichkeit ein, unsere Bedürfnisse nicht mehr als Erstes befriedigen zu können. Leidtragende sind insbesondere das Bedürfnis nach Schlaf und Erholung, Selbstbestimmung, Rücksichtnahme, Privatsphäre.

In den ersten Monaten mit Baby sorgt ein biologisch schlau inszenierter Hormonnebel noch dafür, all diese Mängel angemessen zu verschleiern, um damit noch einigermaßen zurechtzukommen. Doch spätestens, wenn sich der Hormonspiegel wieder auf „normal" zurückreguliert hat und das Defizit zu groß wird, macht sich die Bedürfnis*un*befriedigung deutlich bemerkbar und ist immer schwieriger wegzuschieben.

Bis zum zweiten Geburtstag sind unsere Kinder darauf angewiesen, dass wir ihre Bedürfnisse priorisieren und uns unmittelbar um deren

Erfüllung bemühen. Unsere eigenen Bedürfnisse werden dabei stets untergeordnet. Wenn Kinder dann die Fähigkeit erlangen, sich auch mal einen Moment zu gedulden, ist es für uns meistens „zu spät": Wir haben verlernt, unsere Bedürfnisse zu erkennen und ernst zu nehmen und Strategien zu entwickeln, wie auch diese im Familienalltag erfüllt werden können. Das führt dazu, dass wir zusehends unzufriedener sind, unsere Nerven dünner werden. Kein Wunder, denn zusammen mit unserem enormen **Stresslevel** (vergleiche dazu Seite 20) ergibt das eine höchst explosive Mischung. Manchmal können sich daraus sogar körperliche Beschwerden oder Krankheiten entwickeln.

Die Befriedigung unserer eigenen Bedürfnisse gerät in den ersten Jahren mit Kindern häufig in Vergessenheit. Um unser Wohlbefinden zu steigern, unser Energielevel aufzufüllen und unsere Nerven wieder zu stärken, *müssen wir* uns mit unseren eigenen Bedürfnissen neu auseinandersetzen und selbst Strategien entwickeln, sie zu erfüllen.

UNSERE BEDÜRFNISSE
(eine Auswahl)

unabhängig sein
Freiheit · Freiwilligkeit · Für-sich-Sein · Privatsphäre
Wahl, Entscheidungsmöglichkeit

Ich-Bewusstsein
Authentizität · Einzigartigkeit, Individualität · etwas schaffen
Ursache von etwas sein · Integrität · Kompetenz · Selbstausdruck
Selbstbestimmung · Selbstvertrauen

soziale Bedürfnisse
Austausch · einbezogen werden · Freundschaft
gemeinsame Werte · Gemeinsamkeit · Gemeinschaft · Gerechtigkeit
Humor · Lebendigkeit · Leichtigkeit · Offenheit · Respekt · Rituale
Rücksichtnahme · Spaß, Freude, Vergnügen · Unterstützung
Zugehörigkeit · Zusammenarbeit

Herz-Bedürfnisse
Annahme · Anteilnahme · Aufmerksamkeit · Beruhigung
Berührung, Körperkontakt · Bestätigung · Bindung · Elternschaft
Empathie · Ehrlichkeit · Freundlichkeit · Fürsorge · Geborgenheit
Gegenseitigkeit · Gleichwertigkeit · Harmonie · Intimität
Kontakt zur Natur · Liebe · Mitgefühl · Nähe · Trost · Verständnis
Vertrauen · wahrgenommen werden · Wertschätzung
emotionale Sicherheit · Treue, Loyalität

Kopf-Bedürfnisse
Abwechslung · Effektivität · entdecken · Herausforderung
Inspiration · Kreativität · Ordnung · Struktur · verstehen
Wachstum, Entwicklung · Wirksamkeit · Wissen

Körper-Bedürfnisse
Bewegung · Entspannung · Kraft
Raum · Rhythmus · Ruhe, Erholung · Schlaf

Die Reflexion: Bedürfnisse

Rufe dir die Situationen aus der Reflexion zu deinen Gefühlen noch einmal in Erinnerung. Welches unerfüllte Bedürfnis könnte ausschlaggebend für dein Gefühl gewesen sein?

Welche Bedürfnisse kommen generell in letzter Zeit bei dir zu kurz?

Und jetzt noch eine passende Strategie

Da liegt nun also der Hase im Pfeffer: Zumindest in der Theorie wissen wir jetzt, dass unsere „negativen" Gefühle wichtige Indikatoren dafür sind, uns aufzuzeigen, dass eins (oder mehrere) unserer Bedürfnisse sträflich vernachlässigt wird. Und wir wissen inzwischen, wo wir nachschlagen können, um herauszufinden, welche Bedürfnisse betroffen sind (blättere eine Seite zurück). Nun geht es darum, eine geeignete Strategie zu entwickeln, damit dieses mittlerweile laut schreiende Bedürfnis auch wieder Ruhe geben kann.

Weil wir es nicht anders gelernt haben, gehen wir automatisch davon aus, dass andere dafür zuständig sind, unsere Bedürfnisse zu befriedigen oder uns bei ihrer Erfüllung zumindest zu unterstützen. Denn oftmals sind sie es schließlich, die uns daran hindern, unsere Bedürfnisse zufriedenzustellen. Finden wir. Wie soll das aber funktionieren, ohne dass die anderen dann wiederum *ihre* Bedürfnisse ignorieren, wenn doch jeder Mensch andere hat? Wir ahnen schon, dass das nicht des Rätsels Lösung sein kann. Und dennoch: Unsere Erwartungen (an andere, aber auch an uns selbst) entstehen unbewusst in unseren Köpfen, nisten sich dort heimlich ein und machen uns das (Zusammen-)Leben verdammt schwer. Dabei muss das nicht sein. Denn die zielführendste Strategie, ein Bedürfnis zu befriedigen, ist, es selbst zu tun – und das nicht von anderen abhängig zu machen. Wenn du dich am wohlsten fühlst, wenn um dich herum Ordnung herrscht, dann räume auf. Wenn du dich nach Wertschätzung sehnst, dann sei stolz auf das, was du die ganze Zeit wie selbstverständlich leistest. Erkenne deine Leistung in vollem Umfang an, ohne dich dabei kleinzureden und dein Licht unter den Scheffel zu stellen. *Du* darfst den ersten Schritt machen, ganz egal, ob es sich dabei um ein individuelles Bedürfnis wie „Für sich sein" oder ein gemeinschaftliches wie „Nähe" handelt. Übrigens ist dieser Schritt gar nicht immer unbedingt in der bereits eskalierten Situation zu gehen, sondern manchmal und im besten Fall schon vorher oder auch dann, wenn sich die Lage wieder beruhigt hat.

Außerdem gibt es nicht nur *eine* Strategie, dein Ziel zu erreichen, und die offensichtlichste muss auch nicht immer die beste sein. Werde kreativ und blicke über den Tellerrand hinaus. Auch unübliche Lösungen können für dich die richtigen sein, um deine Bedürfnisse zufriedenzustellen und damit dich selbst zufrieden(er) zu machen.

Je unabhängiger von anderen unsere Strategien zur Bedürfniserfüllung sind, desto leichter sind sie durchzuführen und umso erfüllter und glücklicher können wir werden. Wir dürfen, ja, *müssen* uns sogar trauen, für unsere Bedürfnisse einzustehen und danach zu handeln. Denn nur, wenn es uns gut geht, geht es auch unserer Familie gut. Als Mama bist du in der Regel der Dreh- und Angelpunkt eures Alltags.

Die Reflexion: Strategien

Mit dem Wissen im Gepäck, dass allein du selbst für die Befriedigung deiner Bedürfnisse verantwortlich bist: Wie könntest du in der Spielplatz-Situation von eben zielführender handeln?

In der letzten Reflexion hast du für dich wichtige Bedürfnisse identifiziert. Überlege dir jetzt unterschiedliche Strategien, die dir dabei helfen, diese zukünftig besser zu befriedigen.

Kinder sind keine kleinen Erwachsenen

Auch unsere Kinder haben natürlich Gefühle, mit denen sie zunächst mal lernen müssen umzugehen, und Bedürfnisse, die sie anhand von bestimmten Strategien versuchen zu befriedigen. Bleiben wir bei unserem Beispiel mit dem Spielplatz. Wir erinnern uns: Du möchtest mit deinem Kind nach Hause gehen. Als du es deswegen zu dir rufst, läuft es weg. Hier ist es möglicherweise sein Bedürfnis nach Selbstbestimmung, das es davon abhält, mir dir zu gehen. Vielleicht sind es auch Spaß, Freude oder Bewegung, die als Bedürfnisse noch nicht ausreichend befriedigt sind. Als du den Druck verstärkst, schließlich ist es fast schon Zeit fürs Abendessen, folgt lautstarkes Getöse, das in einem Wutanfall endet.

Dass weder Weglaufen noch lautstarkes Getöse noch ein ausgewachsener Wutanfall besonders zielführend sind, wissen Kinder nicht. Okay, es beginnt schon damit, dass „zielführend" ihnen überhaupt kein Begriff ist. Darüber hinaus sind sie schlichtweg noch nicht in der Lage, Alternativen zu ihrem Verhalten zu erkennen. Sie wissen nicht einmal, dass es welche gibt. Für sie bedeutet ein Nein oft das Ende ihrer kleinen Welt – sie verstehen nicht, dass es einfach schon spät ist, und wissen auch nicht, was das überhaupt bedeuten soll. Und dass morgen wieder Zeit ist, um zum Spielplatz zu kommen, können sie noch nicht erfassen. Für sie zählt einzig und allein der Moment. Und der war doch eben noch sooo schön. Bis er von außen in ihren Augen abrupt und völlig grundlos durchbrochen wurde.

Diese Sicht auf die Dinge lässt sich mithilfe des Wissens um die **kognitive Entwicklung** kleinerer Kinder erklären. Stellen wir uns vor, das Gehirn wäre ein Haus: Zunächst entsteht das Erdgeschoss und bietet Raum für alles, was wir zum Überleben brauchen: eine Küche für die Nahrungsaufnahme, ein Bad für das, was davon übrigbleibt, und um uns zu pflegen und zu „säubern", und ein Wohnzimmer mit einer gemütlichen Couch zum Ausruhen. Mehr brauchen Kinder am Anfang ihres Lebens nicht. Dieses Erdgeschoss behalten wir als Erwachsene bei, es bietet Platz für unsere Urinstinkte und die Vielfalt all unserer Gefühle.

Erst, wenn sich Kinder einigermaßen in ihrem Erdgeschoss auskennen, beginnen sie mit dem vorsichtigen Ausbau ihres **„Gehirn-Hauses"** – sinnbildlich über eine wackelige Leiter, die in das Obergeschoss führt. Dieses Obergeschoss, der Verstand, ist bei uns Erwachsenen bereits prall gefüllt mit Bücherregalen – all unser Wissen und unsere Erfahrungen sind hier fein säuberlich abgelegt. Manche ganz vorn und sauber abgestaubt, weil wir sie häufig anwenden, andere weiter hinten und etwas verstaubt, weil wir sie lange nicht benutzt haben. Bei unseren Kindern sind zwar erste Regale gezimmert, und vielleicht befindet sich auch hier oder da schon ein kleines Büchlein darin, weitestgehend stehen die Regale aber noch leer und warten darauf, nach und nach mit Wissen und Erlebnissen gefüllt zu werden. Dazu gibt es in unserem Dachgeschoss große Fenster, die den Blick nach draußen zulassen und uns Weitblick ermöglichen. Auch das logische und analytische Denken wird hier geschult. Bei Kindern sind diese Fenster noch so voller Baustaub, dass ein Blick hindurch noch nicht möglich ist. Sie werden erst nach und nach gereinigt, bis Kinder im Grundschulalter ihren Weitblick zu schärfen beginnen, immer weiter, bis sie ihn in der Pubertät perfektionieren *könnten* – hätten sie da nicht nur Augen für „Wichtigeres". Aber das ist eine andere Geschichte, die (Achtung, Cliffhanger!) ein ganz eigenes Buch verdient hat.

Bei dem letztendlichen Wutanfall auf dem Spielplatz ist unser Kind in seinem Erdgeschoss gefangen, auf die wackelige Leiter nach oben traut es sich noch nicht, und selbst wenn, würde es dort noch nicht über hinreichendes Wissen verfügen, um sich auf einem „elternfreundlicheren" Weg aus seiner misslichen Gefühlslage befreien zu können. Sprechen wir es nun aber aus *unserem* Obergeschoss an, also aus unserer erwachsenen Perspektive heraus, zum Beispiel mit rationalen Argumenten wie „Es gibt keine Süßigkeiten mehr, wir wollen doch gleich Abendbrot essen" oder „Es ist spät, ich möchte, dass du heute noch badest, darum kannst du nicht mehr spielen", kann es uns schlichtweg nicht verstehen.

Verstärken wir durch Schimpfen oder Drohen den Druck, entsteht von Seiten unseres Kindes Gegendruck, der mit jeder weiteren Gebärde von uns immer weiter wächst. So schaukeln wir uns gegenseitig hoch, statt auf ein gemeinsames Ziel zu – wie schade!

Wenn wir unser Kind in diesem Zustand erreichen möchten, sollten wir unsere inzwischen fest installierte und stabile Steintreppe nach unten steigen und es dort abholen, wo wir es tatsächlich erreichen *können*: im Erdgeschoss seines Hauses – an seiner Basis, bei seinen *Gefühlen*. Als Erwachsene sind wir in der Lage, diesen **Perspektivwechsel** zu vollziehen und den Blickwinkel unseres Kindes einzunehmen. Dadurch können wir sein wahres Anliegen leichter nachvollziehen und, indem wir nicht das Wissen aus unserem Dachgeschoss anwenden, sondern so adäquat wie möglich auf seine Gefühle reagieren, ihm vermitteln, dass wir es verstehen und ernst nehmen. So verlieren beide Seiten den Druck, einander von ihrer Sicht der Dinge überzeugen zu müssen, was den Weg und die Bereitschaft für eine gemeinsame Lösung, einen Kompromiss, ebnet.

Kinder erlernen und üben die Fähigkeit, selbst einen Perspektivwechsel zu vollziehen, meistens ab dem Vorschulalter. Wenn also in der bedürfnisorientierten Pädagogik von „Augenhöhe" gesprochen wird, dann meint das immer die Ebene des *Kindes* und niemals die der erwachsenen Person.

In unserem Mamsterrad neigen wir oft dazu, unsere Kinder zu überfordern – unsere eigene Müdigkeit und Erschöpfung, unsere unerfüllten Bedürfnisse und auch der Dauerstress, dem wir ausgesetzt sind, schüren unseren Wunsch nach einem „funktionierenden" Kind. Wir sind in unseren Obergeschossen gefangen und appellieren an den Verstand unseres Kindes, der im Kindergartenalter aber noch gar nicht ausgereift ist. Wenn wir es schaffen, zu verinnerlichen, dass uns unser Kind nicht ärgern will, sondern nur *für sich und nicht gegen uns* handelt, können wir in solchen und ähnlichen Situationen wie der Spielplatzszene gelassener bleiben und unseren Fokus anders ausrichten. Wir würden unserem Kind damit bei seiner Entwicklung unterstützend zur Seite zu stehen und könnten gleichzeitig stressige Situationen in unserem Alltag leichter meistern.

Hab Vertrauen in die Entwicklung deines Kindes. Es entwickelt sich ganz individuell und erklimmt die nächste Stufe erst, wenn es so weit ist. Vergleiche mit anderen Kindern sind dabei nicht hilfreich, sondern erhöhen nur den Druck auf dein Kind und dich selbst.

DER MORGEN

Morgendliche Hürden

Der Wecker klingelt, und du schwingst dich aus dem Bett, deine Nacht war okay, und du fühlst dich fit für den Tag. Du weißt, was heute alles vor dir liegt, und freust dich darauf oder hast zumindest einen ganz guten Plan ausgeheckt, wie du deine Aufgaben angehen willst.

Vielleicht ist dein „Schwingen" aber auch eher ein „Kriechen", denn „erholsamer Schlaf" ist etwas, was dir lange nicht zuteilwurde. Du fühlst dich wie gerädert. Dir steht bevor, was heute erledigt werden muss, und du hast nicht den blassesten Schimmer, wie du das alles hinbekommen sollst.

Es ist nun mal, wie es ist: Manche kommen in der Früh gut aus dem Bett, manche eher schwer, und bei wieder anderen wechselt das täglich. Und so individuell, wie du bist, ist auch der morgendliche Ablauf in eurer Familie.

Vom Aufstehen über das Fertigmachen, das Verlassen des Hauses bis hin zum Abschied in der Kindertagesstätte liegen viele Hürden auf unserem Weg, die wir an manchen Tagen gut meistern, die uns an anderen Tagen aber an unsere Grenzen bringen.

In diesem Kapitel beleuchten wir anhand konkreter Alltagssituationen, welche morgendlichen Hürden das sein können und wie wir es schaffen, sie gelassener zu überwinden. Die dargestellten Situationen sind dabei typische Beispiele, vielleicht kommen sie dir bekannt vor. Falls nicht, kannst du sie durch Hürden aus deinem eigenen morgendlichen Ablauf ersetzen. Du wirst feststellen, dass sich alle Beispiele auch auf eure individuelle Situation übertragen lassen, selbst wenn es bei euch etwas anders abläuft.

Bitte behalte dabei im Hinterkopf, dass auch dein *Kind* einzigartig ist. Während sich ein Zweijähriger vielleicht über ein neues Körpergefühl freut, wenn er beim Wickeln ausbüxt und sich nicht anziehen (lassen) möchte, steht bei einer Vierjährigen möglicherweise das Bedürfnis nach Selbstbestimmung im Vordergrund, das sie über das Verweigern von (bestimmter) Kleidung auslebt.

Hinzukommt, dass Veränderungen im Alltag, die uns Erwachsenen gar nicht so schwerwiegend vorkommen, Kindern manchmal riesig erscheinen. Gibt es in der Kita eine neue Betreuungsperson oder fällt eine weg? Sind die liebsten Hausschuhe plötzlich zu klein? Gab es Streit in der Familie? Ging der Teddy verloren? Vielleicht ist ein Geschwisterchen auf dem Weg oder der beste Freund oder die beste Freundin ist umgezogen – all das können Gründe sein, die unser Kind aus der Bahn werfen, den gewohnten Ablauf durcheinander- und die ganze Familie ins Stolpern bringen.

Wichtig ist – und das gilt immer und für alle Situationen: Es gibt nicht „den einen richtigen Weg". Was für die eine Familie, für das eine Kind richtig erscheint, muss nicht zwingend auch für andere gelten.

Was, wenn mein Kind unbedingt *diesen einen* Pulli anziehen möchte?

Die Situation

Guten Morgen! Euer Tag beginnt, und du weißt, dass du nun schleunigst in dein Mamsterrad springen solltest, denn du musst dich selbst vorbereiten, dein Kind fertig machen, eure Sachen packen und dann aus dem Haus – all das muss geschehen, ob du nun müde bist oder nicht und ob du allein bist oder Unterstützung hast.

Du gehst also ins Bad und kümmerst dich um dich, bevor du dich anschließend deinem Kind zuwendest – das vielleicht noch schläft oder in der Zwischenzeit schon fröhlich um dich herumsaust. Oder du willst dich zuerst deinem Kind widmen, um dich danach in Ruhe selbst anzuziehen – lieber keine Flecken auf den frischen Sachen riskieren. Wie dem auch sei, die Kleidung für dein Kind liegt bereit. Dann also los.

Doch dein Kind hat keine Lust, sich von seiner Nachtwindel zu trennen oder flitzt schon mit bloßem Popo durch die Gegend und möchte sich um nichts in der Welt wieder anziehen lassen.

Endlich hast du es davon überzeugt, puh! Doch als du ihm gerade schweißgebadet den Pulli über den Kopf streifen willst, bricht das Gewitter los: „Mamaaaa, nein, ich will den mit *Paw Patrol!*" Dein Augenrollen ist förmlich zu hören, du sagst aber in noch relativ ruhigem Ton: „Schatz, der ist in der Wäsche, nimm bitte den hier, das war doch neulich noch dein Lieblingspulli." Doch statt vernünftig zu reagieren, manövriert sich dein Kind in einen lehrbuchhaften Wutanfall und unter tränenersticktem „NEIN, Mamaaaa!" wirft es sich schließlich auf den Boden und schluchzt. Du verstehst das nicht, es ist doch nur ein Pulli! Hauptsache, er hält warm. Noch während du das denkst, merkst du, wie langsam die Wut in dir aufsteigt.

Der Perspektivwechsel

Der Blick auf dein Kind

Nur ein Pulli – kann der so ein Drama auslösen? Das ist doch nun wirklich etwas übertrieben, oder? Nein, ist es nicht. Zumindest nicht aus Sicht deines Kindes. Denn was hier passiert, ist Folgendes: Dein Kind hat sich bereits ausgemalt, dass es genau diesen Pulli heute im Kindergarten tragen will. Dabei spielt es keine Rolle, ob es ihn gestern (und die letzten drei Tage) schon anhatte, er vor Dreck allein stehen kann und muffig riecht. Denn dieser Pulli ist für dein Kind nicht nur ein Kleidungsstück, sondern viel, viel mehr. Schauen wir uns also einmal an, welche Ursachen es für sein Dilemma geben könnte: Vielleicht ist dieser Pulli gerade der letzte Schrei in der Kids-Gang im Kindergarten. Sowohl Farbe als auch Motiv sorgen dafür, dass dein Kind nicht nur von seinen Freunden, sondern auch von den Erzieherinnen und Betreuern Aufmerksamkeit erfährt, was wiederum in seinem Bauch so schön kitzelt und sich richtig gut anfühlt. Dein Kind ist noch nicht in der Lage, eigenständig Alternativen und ihre Folgen zu erdenken. Dass ein anderer Pulli möglicherweise ähnliche Begeisterungsstürme hervorrufen könnte, kommt ihm nicht in den Sinn. Für diesen Weitblick reicht die Entwicklung seines kindlichen Gehirns noch nicht aus.

Möglicherweise ist der Pulli aber nicht nur optisch ein Knaller. Denn dadurch, dass er bereits getragen wurde, hat er vielleicht die „unangenehme Steifheit" direkt nach dem Waschen verloren. Er ist so schön weich und riecht herrlich nach den Marmeladenflecken vom Frühstück gestern. Ein bisschen wie eine wohlige Umarmung zum Mitnehmen. Dass Kleidung hin und wieder gewaschen werden muss, versteht dein Kind noch nicht. Der Bereich in seinem Gehirn, der für das Verständnis von Hygiene und Sauberkeit zuständig ist, ist noch nicht ausgereift. Flecken und Geruch stören es nicht, es nimmt sie meist gar nicht wahr.

Oder die Ursache liegt ganz woanders und hat mit dem Pulli rein gar nichts zu tun. Er ist nur der berühmte Tropfen, der das Fass zum Überlaufen bringt. Denn wenn dein Kind beispielsweise schlecht geschlafen und einen bösen Traum noch nicht ganz abgeschüttelt hat oder am Morgen für sein kindliches Empfinden schon genug kooperiert, also „mitgemacht hat", ist das Verweigern des Pullis vielleicht nur das, was wir *sehen* können – also ein Symptom. Die eigentliche Ursache könnte ein ganz anderes unerfülltes Bedürfnis sein (vergleiche die Mamsterrad-Pyramide auf Seite 26).

Der Blick auf dich

Und was macht diese Situation mit dir? Vermutlich bist du gestresst, genervt, enttäuscht, denn all deine Versuche und Bemühungen, deinem Kind verständnis- und liebevoll entgegenzukommen und sein Problem zu lösen, sind gescheitert. Die Zeit arbeitet gegen dich, und du kannst, ehrlich gesagt, auch einfach nicht nachvollziehen, wie ein in deinen Augen so unwichtiges Detail einen so kolossalen Anfall verursachen kann. Dein Bedürfnis nach Sauberkeit und Hygiene ist so groß, dass es für dich aber undenkbar ist, dein Kind mit schmutzigen Klamotten losgehen zu lassen. Außerdem: Was denken dann bloß die Leute?

Hinzukommt deine Fähigkeit automatisch einen Plan B zu schmieden. Als Mutter bist du schließlich Meisterin darin, Unvorhergesehenes abzuschätzen und blitzschnell eine Alternative zu finden. Und das ist nun die eigentliche Sollbruchstelle! Denn deine naheliegenden und durchaus passenden Lösungen werden von deinem Kind nicht als solche erkannt und angenommen. Wenn dir schließlich nichts mehr einfällt, was für dich akzeptabel wäre, schlägt deine Hilflosigkeit in Frustration oder Wut um.

Die Reflexion

Nimm dir für diesen Teil bitte 15 Minuten Zeit.
Kannst du die folgenden Fragen beantworten?

Fallen dir Situationen aus deinem Alltag ein, in denen dir von anderen vorgegebene Lösungen oder Ratschläge für dein Problem nicht gefallen haben?

....

....

....

....

Wie hast du dich in diesen Situationen gefühlt?

....

....

....

....

Was wäre, wenn du jetzt erfahren würdest, dass du gar nicht immer eine Lösung finden musst? Würde dieses Wissen solche Situationen wie auf den Seiten vorher dargestellt für dich erleichtern?

. . . .

. . . .

. . . .

. . . .

Jetzt schau noch mal auf Seite 32 („Unsere Gefühle") nach.
Welche Gefühle kannst du in deinen links aufgeschriebenen Situationen identifizieren und welche Bedürfnisse könnten sich dahinter verbergen? Was würde dir dabei helfen, diese Bedürfnisse zu erfüllen?

. . . .

. . . .

. . . .

. . . .

Gemeinsam aus dem Mamsterrad

Was du für dein Kind tun kannst

Versuche, deinem Kind nicht rational, sondern auf emotionaler Ebene zu begegnen. Das heißt: Versuche, deinen Kopf auszuschalten, dich in die Perspektive deines Kindes hineinzuversetzen und die Welt durch seine Augen zu sehen. Versuche zu verstehen, was dein Kind in dieser Situation tatsächlich bewegt und wie es sich dabei fühlt. Zeige ihm, dass du sein Dilemma erkennst, indem du ihm sein Gefühl spiegelst – sowohl mit Worten als auch durch Mimik und Gestik.

Statt eine Lösung vorzugeben, probiere, gemeinsam mit deinem Kind einen Weg zu finden, mit dem ihr beide gut leben könnt. Das kann bedeuten, dass der vermeintliche Lieblingspulli eine Zeit lang jeden Abend durchgespült werden muss oder das Kind im Zweifel auch mal fleckige Kleidung trägt. Es kann aber auch heißen, dass ihr vielleicht noch eine Runde kuschelt, bevor es zum Anziehen geht.

Was du für dich tun kannst

Sage dir immer wieder, dass du nicht für alles eine Lösung haben musst und auch nicht die Verantwortung dafür trägst, dass alles rund läuft. Nimm Herausforderungen im ersten Schritt als solche an, atme ein paarmal tief durch und werde dann bei der Suche nach Ideen zusammen mit deinem Kind kreativ. Behalte dabei im Hinterkopf, dass deine Lösung nicht automatisch die beste für alle ist. Denn dein Blick auf das „Problem" ist nicht mehr unbedarft, sondern beeinflusst von deinen Erfahrungen als erwachsener Mensch.

Trau dich zu hinterfragen, was dich an dem schmutzigen Pulli tatsächlich stört. Begegne auch dir selbst mit Nachsicht und Verständnis und habe den Mut, Dinge auch mal anders zu machen – wer weiß, vielleicht wird es ja gut?

    Möglicherweise begleitet dich in solchen Situationen auch die (un-)bewusste Sorge, dass du es dem Kind „zu leicht" machst und es dadurch nur lernt, dass im Leben immer alles nach seinem Kopf geht. Doch das Gegenteil ist der Fall. Denn das gemeinsame Finden von Ideen führt dazu, dass dein Kind sich gesehen und ernst genommen fühlt, was sein Selbstbewusstsein und seine Integrität stärkt.

Zu wissen, dass du nicht immer für alles eine passende Lösung haben musst (und kannst!), macht hier den entscheidenden Unterschied. Mache dir immer wieder bewusst, dass du nicht allein dafür verantwortlich bist, einen Ausweg zu finden.

Wie schaffe ich es, morgens entspannter aus dem Haus zu kommen?

Die Situation

Stell dir vor, du hast einen wichtigen Termin. Du bist extra früher aufgestanden als sonst. Du bist mit einem Kaffee in der Hand noch mal durch deine Unterlagen gegangen und freust dich, denn du bist wirklich gut vorbereitet. Deine Tasche ist gepackt, das Essen für den Tag vorbereitet, deine Bluse gebügelt, und die Kleidung für dein Kind liegt auch bereit.

Vielleicht bist du aber auch viel zu spät aufgestanden, weil die Nacht wieder kurz war und kleine Füße dich vom Schlafen abhielten. Für Frühstück oder auch nur einen Kaffee bleibt keine Zeit, dein Kind wird zum Glück in der Kita versorgt. Das Shirt von gestern wird es noch mal tun, denn die Wäsche hast du nicht mehr geschafft, und Mist, die Regenklamotten sind auch noch nicht trocken.

Dein Kind ist schon wach und spielt noch in seinem Zimmer, in seiner eigenen Welt versunken. Es sortiert in aller Ruhe seine Playmobil-Figuren nach Farben, ganz glücklich darüber, dass es mit dem Spielen ja gerade erst angefangen hat, und eine feste Idee im Kopf, was es als Nächstes machen will.

Möglicherweise läuft es dir aber auch die ganze Zeit hinterher, möchte am liebsten nur auf deinem Arm sein. Es scheint mit nichts zufrieden zu sein, quengelt und hält dich vom Fertigwerden ab.

Immer wieder hast du dein Kind gebeten, sich anzuziehen, weil ihr bald losmüsst. Als deine innere Uhr Alarm schlägt, gehst du ins Kinderzimmer und erwartest, dass dein Kind startklar ist. Doch Fehlanzeige. Du willst schnell helfen, da schlägt dir schon ein „Mamaaaa, ich alleine!" entgegen. Warum versteht dein Kind bloß nicht, dass es zusammen schneller geht? Und wie lange kann es bitte dauern, ein paar Strümpfe anzuziehen? Du merkst, wie du immer nervöser wirst, und noch bevor du dich bewusst für deinen nächsten Schritt entscheiden kannst, fängst du an zu meckern, und es packt dich die Wut.

Der Perspektivwechsel

Der Blick auf dein Kind

Zeit ist für uns Erwachsene das Gerüst, das unser Leben trägt. Wir planen darin, orientieren uns daran, sie strukturiert unseren Alltag und gibt uns Halt. Zeit ist eine unserer kostbarsten Ressourcen und gleichzeitig etwas, auf dessen Verstreichen wir keinerlei Einfluss nehmen können.

Als Erwachsene haben wir gelernt, unseren Alltag in Zeiteinheiten einzuteilen, führen selbst Kalender, vereinbaren Termine und hangeln uns von einem Ereignis zum nächsten. Statt im Moment zu leben, sind wir unserer Zeit oft gedanklich schon voraus und überlegen ständig, was als Nächstes kommt.

Bei Kindern ist das noch anders. Der Gehirnbereich, der für „Zeit und Planen" zuständig ist, ist im Kindesalter noch nicht ausgereift. Kinder sind „zeitlos", das heißt, sie haben kein Gefühl für Zeit und verstehen ihre Bedeutung nicht. In ihren ersten Lebensjahren leben sie ausschließlich in der Gegenwart und wissen mit Aussagen wie „in fünf Minuten" oder „nächsten Sommer" nichts anzufangen. Bis sie im Grundschulalter die Fähigkeit erlangen, das Konstrukt Zeit zu verstehen, brauchen sie andere Brücken, um durch ihren Tag zu kommen.

Der Blick auf dich

An dieser Stelle kracht es dann oft gewaltig, denn hier prallen zwei völlig unterschiedliche Welten aufeinander. Dein Verständnis von Zeit und deine Fähigkeit, eventuelle Folgen eines möglichen Zuspätkommens absehen zu können, vertragen sich nicht mit dem noch nicht vorhandenen Zeitverständnis deines Kindes. Es *will* nicht nur nicht, es *kann* einfach noch nicht. Und wir Mütter wissen nicht, wie wir damit nun umgehen sollen, weil wir ja in dem von außen geschnürten Zeitkorsett „funktionieren" müssen.

Also spulen wir ganz automatisch gelernte Verhaltensmuster ab, werden laut, meckern und wüten. In unseren Köpfen rauscht es nur noch, und Sätze wie „Immer muss ich alles zehnmal sagen!", „Das machst du doch mit Absicht!" und „Du bist doch kein Baby mehr, jetzt streng dich doch mal an!" kommen über unsere Lippen. Unser Gehirn schaltet auf Autopilot, und unsere negativen Gefühle übermannen uns. Das ist so anstrengend!

Doch wenn du dir erlaubst, einmal genauer hinzusehen, wirst du feststellen, dass es eigentlich gar nicht die Situation ist, die dich so nervt, sondern wie dein Unterbewusstsein sie interpretiert.

Die Reflexion

Nimm dir für diesen Teil bitte 15 Minuten Zeit.
Kannst du die folgenden Fragen beantworten?

Welche Situationen, in denen Zeit eine entscheidende Rolle spielt, stressen dich in deinem Alltag?

．．．

Wie fühlst du dich in diesen Situationen?

．．．

Und jetzt die spannende Frage: Erinnerst du dich an Gedanken, die dann typischerweise in deinem Programm ablaufen?

. . . .

. . . .

. . . .

. . . .

Jetzt schau noch mal auf Seite 32 („Unsere Gefühle") nach. Welche Gefühle kannst du in dieser Situation identifizieren und welche Bedürfnisse könnten sich dahinter verbergen? Was würde dir dabei helfen, diese Bedürfnisse zu erfüllen?

. . . .

. . . .

. . . .

. . . .

. . . .

Gemeinsam aus dem Mamsterrad

Was du für dein Kind tun kannst

Versuche, die morgendlichen Abläufe möglichst im gleichbleibenden Rhythmus anzugehen. Das hilft deinem Kind, sich im Alltag zurechtzufinden, was wiederum sein Selbstbewusstsein stärkt. Kündige während einer Aktion schon den nächsten Schritt an, zum Beispiel, „Wenn wir die Zähne geputzt haben, ziehen wir uns an". Das führt dazu, dass dein Kind weiß, was als Nächstes passiert, und sich darauf einstellen kann.

Wenn du mit deinem Kind über Zeit sprechen möchtest, benutze Angaben, die es verstehen kann. Baue ihm Brücken, indem du Zeit auf Beispiele aus seiner kleinen Welt überträgst. „Etwa so lang wie der Weg zur Kita" ist für dein Kind viel greifbarer als „in 15 Minuten".

Versuche, dein Ziel mit positiven Emotionen (Freude, Spaß, Spiel) zu verknüpfen. Dadurch erschaffst du für dein Kind den Anreiz, aus eigenem Antrieb mitmachen zu wollen.

Versetze dich in die Perspektive deines Kindes – was geht wohl gerade in ihm vor, was braucht es heute? Auch, wenn Kinder manches schon gut allein können, gibt es Tage, an denen es sich mit Mamas Unterstützung einfach besser anfühlt.

Was du für dich tun kannst

Nimm das Verhalten deines Kindes nicht persönlich und denke immer daran, dass dein Kind dich mit seinem Handeln nicht ärgern will. In seiner Welt stehen Aktionen wie „Spielen" oder „Kuscheln" an oberster Stelle, es weiß schlichtweg noch nicht um Werte wie Pünktlichkeit oder

Zuverlässigkeit. An dieses Konstrukt muss es behutsam und seinem Alter entsprechend herangeführt werden. Dafür braucht es Zeit und deine Geduld.

Wichtig: Plane immer (mehr als) genug Zeit ein, damit du auf Unvorhergesehenes reagieren kannst und dich kleine (oder größere) Verzögerungen nicht gleich aus der Bahn werfen.

Sorge gut für dich selbst! Versuche, deine automatisch ablaufenden Gedanken zu erkennen und als irreführend zu entlarven, gerade in (oder nach) stressigen Situationen. Übe dich in Verständnis und Nachsicht mit dir selbst, insbesondere, wenn es dir nicht gelungen ist, deinen Autopiloten auszuschalten. Gedanken, die sich über Jahre eingeschliffen haben, werden nicht „über Nacht" neu programmiert.

Halte dir vor Augen, dass Druck immer Gegendruck erzeugt. Atme tief durch und versuche, den Druck, den du selbst verspürst, zu mildern. Je entspannter du eine herausfordernde Situation angehst, desto leichter wird sie sich lösen lassen.

> **Allein die Erkenntnis,** dass nicht die Situation an sich, sondern deine unterbewusste Interpretation derselben, also deine automatisch ablaufenden Gedanken, darüber entscheiden, wie du dich darin fühlst, ist enorm wertvoll. Dir das immer wieder bewusst zu machen und es anzunehmen, wird dir zukünftig dabei helfen können, anders zu reagieren.

„Jetzt trödel doch nicht so!" – Was, wenn mein Kind auf dem Weg in die Kita jeden Stein umdreht?

Die Situation

Hurra, du hast es geschafft! Du hast euren morgendlichen Alltag inzwischen so weit bewältigt, dass ihr zumindest aus dem Haus gekommen und auf dem Weg zur Kita seid. Aufstehen, anziehen, im besten Fall sogar Haare kämmen und frühstücken liegen hinter euch, jetzt seid ihr unterwegs, und die Gedanken in deinem Kopf fahren Kettenkarussell. Hast du wirklich alles eingepackt, werdet ihr den Bus bekommen oder ist genug Benzin im Auto, und was liegt heute eigentlich im Büro an?

Plötzlich fällt dir auf, dass sich dein Kind von deiner Hand gelöst und hingehockt hat, um gedankenverloren ein Blatt zu betrachten. Möglicherweise ist es auch im Begriff, mit seinen neuen Sommerschuhen in eine Pfütze zu springen, oder es hüpft summend von einer Gehwegplatte zur nächsten: „Nicht auf die Striche treten, Mama!"

Du erklärst ihm noch einmal nachdrücklich, warum nasse Schuhe jetzt ziemlich doof wären, und ermahnst es immer wieder geduldig, nicht so zu trödeln. Doch was du auch sagst, dein Kind macht überhaupt gar keine Anstalten, sich zu beeilen. Ein Blick auf die Uhr verrät dir, dass es langsam spät wird und ihr euch wirklich sputen müsst, um rechtzeitig in der Kita zu sein. Außerdem hast du diesen einen wichtigen Termin, zu dem du auf keinen Fall zu spät kommen darfst. Du wirfst noch mal einen Blick auf die Uhr, da merkst du, wie deine Geduld schwindet und du plötzlich wütend wirst.

Der Perspektivwechsel
Der Blick auf dein Kind

Dass Kinder mit dem Konstrukt „Zeit", mit der Einteilung des Tages in Stunden und Minuten und Zeitspannen („Noch fünf Minuten!") noch nichts anfangen können, haben wir im vorherigen Kapitel besprochen. Das ist aber nicht alles, was an dieser Stelle zum Tragen kommt. Kindern ist auch die Organisation des Lebens in Abschnitte (Jahre, Monate, Wochen) fremd, und sie können mit Terminen nichts anfangen – dabei spielt es keine Rolle, ob dieser Termin eine Spielverabredung in der nächsten Woche, der heiß ersehnte Geburtstag oder Mamas Betriebsversammlung am Vormittag ist.

    Schwer vorzustellen, oder? Überlege mal: Wie fühlt es sich wohl an, wenn du nur im Moment leben würdest, ohne eine Idee davon, was als Nächstes käme und wann überhaupt oder was davon wirklich wichtig wäre. Dein erster Impuls ist möglicherweise „Boah, das will ich!". Denkst du aber einen Moment länger darüber nach, kommt es dir vielleicht auch ganz schön beängstigend vor, so ganz ohne Verbindlichkeiten. Wann gibt es das nächste Mal etwas zu essen und wo kommt das her? Wann triffst du Freunde oder deine Familie? Und dein Geburtstag, ist der nicht schon viel zu lange her?

    Neben dem Gehirnbereich für „Zeit und Planen" ist bei unseren lieben Kleinen also auch die kognitive Fähigkeit, Struktur und Organisation zu verstehen, noch nicht ausgereift. Das heißt, Kinder haben nicht nur kein Gefühl für Zeit, sie haben darüber hinaus auch noch kein Verständnis von Abläufen, Terminen und Verpflichtungen. Im Kindergartenalter benötigen sie deshalb noch die Unterstützung von uns Erwachsenen, die sie durch ihren Tag begleiten.

Der Blick auf dich

Als Erwachsene organisieren wir unseren Tages- und Wochenablauf, eigentlich sogar unser ganzes Leben im Voraus. In unserem meist hektischen Alltag (über-)optimieren wir unsere Abläufe ständig, immer auf der Suche nach einem noch effizienteren Weg, unsere ambitionierten Ziele zu erreichen. Das ist eine Eigenart, die uns auf Dauer ganz schön viel Kraft kostet und nicht selten in Erschöpfung oder Ausgebranntsein endet.

Nichtsdestotrotz trauen wir uns meist nicht, aus unseren gewohnten Mustern auszubrechen. Denn wenn wir uns nur ein kleines bisschen mehr anstrengen, beeilen oder zusammenreißen würden, dann, so hoffen wir, verschafften wir uns Zeit, uns bald wieder mehr ausruhen und den Moment genießen zu können.

Tadaaa, herzlich willkommen im Mamsterrad!

Die Reflexion

Nimm dir für diesen Teil bitte 15 Minuten Zeit.
Kannst du die folgenden Fragen beantworten?

Kannst du in deinem Alltag Situationen ausmachen, in denen es dir nicht schnell genug geht oder du dich von anderen ausgebremst fühlst?

. . . .
. . . .
. . . .
. . . .

Wie fühlst du dich in diesen Situationen?

. . . .
. . . .
. . . .
. . . .

Was würde dir helfen, um in diesen Situationen gelassener zu bleiben?

. . . .

. . . .

. . . .

. . . .

Dazu möchten wir dir ein Experiment vorschlagen: Wähle irgendwann in dieser Woche einen beliebigen Tagesabschnitt, an dem du dich komplett darauf einlassen kannst, im Tempo deines Kindes zu gehen. Lasse dich dabei von ihm inspirieren und versuche, die Welt durch seine Augen zu betrachten. Was gewinnst du dadurch, was geht dir dabei verloren und wie fühlst du dich währenddessen?

. . . .

. . . .

. . . .

. . . .

Gemeinsam aus dem Mamsterrad

Was du für dein Kind tun kannst

Dein Kind trödelt nicht mit Vorsatz oder weil es dich ärgern will. Genauer betrachtet trödelt es überhaupt nicht, sondern entdeckt nur seine Welt und die Details darin, die ihm gerade spannend erscheinen.

Gib ihm die Zeit, sein kleines Universum zu begreifen und zeige Interesse an den Dingen, die ihm gerade wichtig sind. Statt es zur Eile anzutreiben, höre hin, frage nach und gib deinem Kind die Möglichkeit, dich mit seiner Begeisterung anzustecken.

Das führt dazu, dass du keinen Druck ausübst (Stichwort: „Druck erzeugt Gegendruck!"), sondern in Beziehung zu ihm gehst und ihm zeigst, dass du es verstehst. Wenn sich dein Kind von dir in seinen Bedürfnissen ernst genommen fühlt, wird es auch *deine* Bedürfnisse ernst nehmen und eher bereit sein, zu kooperieren. Ihr werdet auf diese Weise also wahrscheinlich schneller ans Ziel kommen – aber gemeinsam und mit entspannteren Nerven.

Was du für dich tun kannst

Wir Erwachsenen setzen uns oft unter den enormen Druck, zu viele Dinge in zu wenig Zeit pressen zu müssen. Das Wahrnehmen des Augenblicks haben wir währenddessen verlernt, dabei sehnen wir uns doch im Grunde genau nach diesem Zustand.

Mit diesem Wunsch nach Entspannung und Entschleunigung begeben wir uns dann häufig auf die Suche nach einer Bremse, die uns das Hier und Jetzt wieder spüren lässt. In Kursen oder Coachings wollen wir

Selbstfürsorge neu begreifen und mithilfe von Tools wie Meditation oder Wahrnehmungsübungen lernen, wieder mehr Achtsamkeit in unseren Alltag zu integrieren.

Dabei ist der erste Schritt schnell getan. Denn wenn du mit deinem Kind gemeinsam seinen entschleunigten Weg gehst, findest du im Alltag ganz automatisch Inseln, die dir genau zu dieser gewünschten Ruhe durch Achtsamkeit verhelfen. Das muss gar nicht jeden Tag und immerzu stattfinden (und das geht natürlich auch gar nicht). Dir solche Momente jedoch bewusst immer wieder einzuräumen und von vornherein genügend Zeit dafür einzuplanen, gibt dir die Möglichkeit, dein Mamsterrad auch im Alltag öfter einmal anzuhalten und in eine Win-win-Situation zu steuern, von der nicht nur dein Kind profitiert, sondern auch du. Und du weißt ja, geht es der Mama gut … (Alle, die unseren Podcast kennen, beenden den Satz jetzt inbrünstig mit: „… geht es der Familie gut." Und für alle anderen: Hört unbedingt mal rein: „In 15 Minuten aus dem Mamsterrad"!)

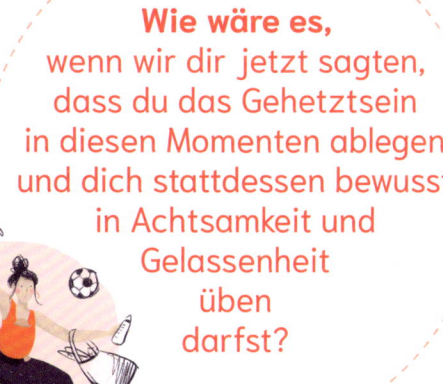

Wie wäre es, wenn wir dir jetzt sagten, dass du das Gehetztsein in diesen Momenten ablegen und dich stattdessen bewusst in Achtsamkeit und Gelassenheit üben darfst?

Wie kann ich meinem Kind den Abschied in der Kita leichter machen?

Die Situation

Auf dem Weg zur Kita bist du beschwingt. Dein Kind und du, ihr unterhaltet euch, macht ein bisschen Quatsch und lacht darüber. Eure Morgenroutine hat bestens geklappt, ihr habt vermeintliche Hürden locker gemeistert und seid ohne Zwischenfälle aus dem Haus gekommen.

Vielleicht war dein Morgen aber auch sehr anstrengend. Alles fing damit an, dass du den Wecker versehentlich ausgeschaltet hast und zu spät aufgestanden bist. Dann wollte sich dein Kind die Haare nicht kämmen lassen, und alles gipfelte darin, dass der geliebte *Paw-Patrol*-Pulli nicht auffindbar war – vermutlich ist er einfach davongehüpft, wo er vor Schmutz doch sowieso schon mal stand. Irgendwie habt ihr es dann doch geschafft, das Haus zu verlassen.

Dann seid ihr in der Kita angekommen, und was normalerweise längst Routine ist, will heute gar nicht klappen. Dein Kind will seine Jacke nicht ausziehen, bummelt beim Hausschuhe-Anziehen, und es fallen ihm mindestens einhundert Dinge ein, die es dir dringend noch erzählen muss. Als ihr zusammen zum Gruppenraum geht, kullern heimlich die ersten Tränen. Seine kleine Hand umklammert fest deine, als ihr zusammen den Raum betretet. Dann klammert sich dein Kind mit beiden Ärmchen an dein Bein und beginnt, herzzerreißend zu schluchzen. Eine Weile versuchst du, dein Kleines zu trösten, nimmst es auf den Arm, beruhigst, flehst und versprichst. Beim Blick auf die Uhr merkst du, wie du langsam nervös wirst. Du gibst noch einmal alles, aber kannst die Situation allein nicht lösen. Du fühlst dich beobachtet und stehst sehr unter Druck. Aber weil du jetzt wirklich losmusst, stellst du dein Kind auf die Beine, verabschiedest dich und verlässt den Raum. Du bist genervt von der Situation und gleichzeitig bricht dir das Herz. Schwermütig verlässt du die Kita.

Der Perspektivwechsel
Der Blick auf dein Kind

Klar, man könnte sich fragen, ob dein Kind denn nicht versteht, dass Mama losmuss – schließlich ist das doch jeden Morgen so. Doch ist diese Frage schnell beantwortet: Nein, dein Kind versteht es nicht, es kann diese Tatsache schlichtweg nicht greifen. Denn wie wir aus vorherigen Kapiteln wissen, haben Kinder im Kindergartenalter weder ein Gefühl für Zeit noch für deren Einteilung oder Organisation. Die Wichtigkeit von Terminen und das Verantwortungsgefühl, diese auch einzuhalten, sind ihnen nicht bekannt.

Vielmehr ist die Trennung von dir für dein Kind wie ein Abschied von seinem „Zuhause", völlig unabhängig von eurem Wohnort. Denn solange du bei ihm bist, hinterfragt es gar nicht, wo ihr seid oder was ihr macht, es ist einfach an deiner Seite. Weil es sich da immer sicher und geborgen fühlt, zu Hause eben.

Bei der „Übergabe" in der Kita passiert in unserer Situation nun Folgendes: Dein Kind spürt, dass sich sein „sicherer Hafen" verabschiedet, und ist nicht bereit, dich gehen zu lassen – auch, wenn das normalerweise super klappt. Am liebsten wäre es ihm, du würdest dableiben, obwohl es sich im Kindergarten eigentlich so wohlfühlt, dass es am Nachmittag oft gar nicht gehen möchte.

Dieses Phänomen kann verschiedene Gründe haben. Möglicherweise hat dein Kind euren gemeinsamen Weg in die Kita als unglaublich schön empfunden und ist noch nicht ganz „fertig" mit dir. Es möchte dir dringend noch erzählen, wie schön die kleine Raupe auf dem Blatt vorhin geschimmert hat, dass das Pfützenwasser eigentlich ganz klar war oder dass sein Schmuseteddy heute Nachmittag eine Teeparty feiern will. Es versteht nicht, dass die Dinge, für die du dich eben noch lebhaft interessiert hast, plötzlich nicht mehr wichtig sind.

Möglicherweise war euer Start in den Tag auch etwas ruckelig. Der Lieblingspulli deines Kindes war nicht aufzufinden, eure Morgenroutine glich eher einer Morgen*ausnahme,* und der Weg in die Kita dauerte länger als gedacht. Das ist ganz schön viel für so früh am Morgen, vermutlich bist du also gestresst – zurecht und absolut verständlich. Dein Kind kann aber noch nicht überblicken, welche Bausteine dazu führen, dass du angespannt bist. Es nimmt dich immer ganz persönlich. Vielleicht befürchtet es daher sogar, dass du es allein lässt, weil es dich verärgert oder etwas falsch gemacht hat. Und weil es in seiner kleinen Welt noch nicht abschätzen kann, wann es dich wiedersehen wird, ist es sehr verunsichert.

Der Blick auf dich

Du steckst in einer echten Sackgasse, denn du kannst hier so wirklich gar nichts richtig machen. Du fühlst dich wie eine Rabenmutter, weil du dein Kind weinend und gegen seinen Willen zurückgelassen hast, aber wenn du es wieder mit nach Hause nimmst, kommst du in ein Riesendilemma, denn: Wer soll auf dein Kind aufpassen? Du musst zur Arbeit oder ins Homeoffice, musst Stunden ableisten, Deadlines einhalten und Dinge erledigen.

Nichts in einem solchen Moment fühlt sich richtig an, dieses garstige Gefühl klammert sich in deinem Nacken fest und begleitet dich nun erst mal. Familie und Job unter einen Hut zu bekommen ist heute schon schwer, bevor der Tag richtig begonnen hat. Dass sich dein Kind inzwischen beruhigt hat, erfährst du nicht mehr. (Fun Fact: Nachdem du als „Nummer 1" den Raum verlassen hast, orientiert sich dein Kind wahrscheinlich neu, kuschelt sich einen Moment in den Arm seiner Bezugsperson und wackelt kurz darauf zu seinen Freunden.)

Die Reflexion

Nimm dir für diesen Teil bitte 15 Minuten Zeit.
Kannst du die folgenden Fragen beantworten?

Lass uns noch mal über deine automatisch ablaufenden Gedanken sprechen. Welche gehen dir in dieser Situation durch den Kopf?

Wie fühlst du dich in der geschilderten Situation?

Was würde sich für dich verändern, wenn du selbst nicht so unter Druck stehen würdest?

. . . .

. . . .

. . . .

. . . .

Jetzt schau noch mal auf Seite 32 („Unsere Gefühle") nach. Welche Gefühle kannst du identifizieren und wie kannst du ihnen begegnen?

. . . .

. . . .

. . . .

. . . .

. . . .

. . . .

Gemeinsam aus dem Mamsterrad

Was du für dein Kind tun kannst

Versuche, dein Kind in seinen Gefühlen abzuholen und zu identifizieren, was seine Sorgen sein könnten. Nimm diese ernst und begegne deinem Kind mit Verständnis – es will dir nicht absichtlich im Weg stehen, sein Verhalten ist ein „Für sich", kein „Gegen dich".

Besonders, wenn euer Morgen etwas holprig war, kannst du dein Kind schon sanft auf die Trennung vorbereiten, indem du sie bereits auf dem Weg zur Kita thematisierst. Erzähle deinem Kind, worauf es sich nach der Kita freuen kann. Vielleicht überlegt ihr euch sogar gemeinsam, was ihr am Nachmittag erleben wollt.

Den Abschied in der Kita kannst du deinem Kind dann erleichtern, indem du ihm einen kleinen Anker dalässt, der euch verbindet. Das kann der Schmuseteddy sein, den du morgens heimlich in deine Handtasche geschmuggelt hast, dein Halstuch, das so schön nach dir riecht, oder ein kleines Herz, das ihr beide euch mit einem Kugelschreiber auf den Handrücken malt.

Was du für dich tun kannst

Versuche, dich in (bzw. nach) einer Situation wie der geschilderten in Achtsamkeit zu üben. Wie lief euer Morgen bisher? Welche schönen Momente hast du erlebt? Wie geht es dir jetzt gerade? Was fehlt dir und was brauchst du heute? Wo lauern mögliche Stolperfallen, die dir in deinem Gemütszustand noch den Rest geben würden? Versuche, sie im Vorfeld auszumachen und dadurch zu umgehen.

Beobachte dich selbst. Achte beispielsweise auf deine Warnsignale, die dich spüren lassen, dass du gerade ganz schön unter Druck stehst. Je eher du merkst, dass sich Druck aufbaut, desto leichter wird es dir fallen, ihn rechtzeitig wieder abzulassen.

    Bleib in Beziehung mit dir. Das heißt konkret: Lass dich nicht von deinen automatisch ablaufenden Gedanken überrollen, sondern mache sie dir bewusst. Wenn du beispielsweise befürchtest, zu spät zur Arbeit zu kommen, frage dich, was genau deine Sorge dabei ist und ob das wirklich so schlimm wäre. Begegne dir mit Verständnis für die typischen Gefühle, die deine Gedanken in dir auslösen. Und gehe mit diesen Gefühlen so um, wie du es in der Reflexion mit dir ausgemacht hast.

Du weißt inzwischen:
Druck erzeugt Gegendruck.
Erinnere dich immer wieder daran,
dass du selbst ein Ventil finden kannst,
um etwas Druck abzulassen.
Damit kannst du positiven Gedanken
mehr Spielraum geben, was dir
zukünftig dabei helfen wird, dieses
garstige Gefühl in deinem
Nacken
abzuschütteln.

DER MITTAG

Na Mahlzeit!

„Kinder, essen kommen!" Das Mittagessen ist fertig, vielleicht hast du dafür lange in der Küche gestanden. Die Zutaten mussten eingekauft werden, ewig hast du diesmal an der Einkaufsliste gesessen. Davor brauchtest du aber zunächst überhaupt mal eine Idee, was auf den Tisch kommen soll.

Vielleicht hat es aber für all das auch gar nicht gereicht, weil deine Tage im Moment viel zu voll und die Nächte viel zu kurz sind. Du bist froh, wenn es mittags überhaupt eine warme Mahlzeit gibt, und hey, so eine Tiefkühlpizza ist doch auch mal super.

So oder so, es steckt viel Arbeit und Organisation hinter einem Mittagessen für die Familie. Aber nicht nur da. Und wo viel Mühe hinter steckt, die womöglich nicht gewürdigt wird, steckt auch eine Menge Konfliktpotenzial. Da kann es schon mal ordentlich knallen.

Das eine Kind will nichts essen, immer nur naschen, das andere mag plötzlich kein grünes Gemüse mehr, die Tischmanieren scheinen vergessen, und es wird nur gestritten, wenn mehrere Kinder am Tisch sitzen. Und was ist überhaupt mit *Mittagsschlaf?* – Was in der einen Familie an einem Tag gut klappt, klappt am nächsten plötzlich nicht mehr und in einer anderen Familie überhaupt niemals.

Anhand typischer Situationen analysieren wir in diesem Kapitel, welche Herausforderungen uns rund um den Tagesmittelpunkt begleiten. Wir besprechen mögliche Ursachen und geben Impulse, zukünftig in solchen Situationen gelassener reagieren zu können.

Die ausgewählten Szenen sind auch wieder auf andere Tageszeiten übertragbar, können sich also auch beim Frühstück oder vor dem Abendbrot abspielen. Schau einfach, wie sie in deine Familie und euren Alltag passen.

Auch in diesem Kapitel gilt natürlich, dass dein Kind einzigartig ist, genauso wie du. Und alle ganz unterschiedliche Bedürfnisse haben. Während sich beispielsweise eine Zweijährige noch über das klitschige Gefühl von Kartoffelbrei an den Fingern freut, ist es bei einem Vierjährigen möglicherweise das Bedürfnis nach Selbstbestimmung, das im Vordergrund steht, sodass er sich seinen Löffel unbedingt selbst aussuchen will. Nachdem du den Tisch eingedeckt hast, versteht sich. Und während manch dreijähriges Kind mittags noch eine Pause einlegt, braucht ein anderes mit anderthalb schon keine Mittagsruhe mehr.

Den „einzig wahren Weg" gibt es auch hier nicht. Was für die eine Familie, für das eine Kind richtig erscheint, muss nicht zwingend auch für andere gelten.

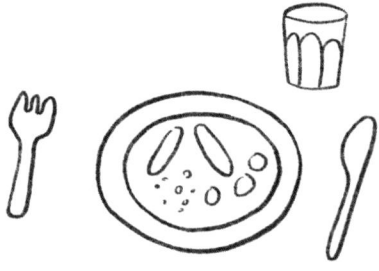

Was mache ich, wenn mein Kind ständig naschen will?

Die Situation

Stell dir vor, du stehst in der Küche und beginnst gerade damit, das Mittagessen für deine Familie vorzubereiten. Während du alle Zutaten zusammensuchst, hörst du es aus dem Kinderzimmer rufen: „Mamaaaa, darf ich noch was Süßes?" Kurze Zeit später kommt dein Kind in die Küche und versichert dir, dass es jetzt auf der Stelle und ganz unbedingt etwas naschen muss. Deine Hinweise, dass es vorhin ja schon eine Kleinigkeit gegeben habe und das Essen gleich fertig sei, laufen ins Leere. „Aber ich hab sooo Hunger, Mamaaaa, nur was ganz Kleines, ja?"

Ein paarmal gelingt es dir noch, tief durchzuatmen und deinem Kind ruhig zu erklären, warum du nicht möchtest, dass jetzt genascht wird: Es gibt gleich Mittag, und außerdem ist zu viel Süßes auch ungesund. Doch es hört nicht auf, danach zu fragen, im Gegenteil, es wird immer fordernder. Irgendwann merkst du, dass dir gleich der Geduldsfaden reißt, und ehe du dich versiehst, raunzt du dein Kind an: „Ich habe dir schon hundertmal gesagt, dass es vor dem Essen nichts Süßes gibt! Das musst du doch langsam mal begriffen haben!"

Solche Situationen spielen sich nicht nur kurz vor dem Mittagessen ab, sie können sich im Laufe des Tages durchaus beliebig oft wiederholen. Was bleibt, ist, neben dem Echo: „Mamaaaa, ich will was Süßes!", das quenglig von den Wänden widerhallt, unsere Rat- und Hilflosigkeit: Was mache ich denn nun? Soll ich nachgeben, dann hat die liebe Seele Ruh, und wenn das Kindchen Hunger hat, isst es schon noch was Herzhaftes? Woher soll ich jetzt noch schnell einen möglichst gesunden Snack zaubern? Und außerdem ist das doch Quatsch, wir essen ja gleich! Also wie kommen wir da jetzt bloß wieder raus?

Der Perspektivwechsel

Der Blick auf dein Kind

Für dein Kind stellt eine Süßigkeit keine Gefahr da, ganz im Gegenteil. Etwas Süßes zu naschen bereitet ihm pure Freude und verschafft ihm ein gutes Gefühl.

Der Jieper nach etwas Süßem deutet auf einen Bedarf hin. Dass Zucker ein schneller Energielieferant ist, wissen Kinder intuitiv. Für den Schaden, den ein Zuviel davon auslösen kann, haben sie kein Verständnis – mehr noch: Sie kommen gar nicht auf den Gedanken, dass es ein solches Zuviel überhaupt geben könnte.

Hinzukommt, dass dein Kind vermutlich noch nicht in der Lage ist, seine Impulse zu kontrollieren. Als Erwachsene wissen wir beispielsweise nicht nur, dass eine Tüte Chips vor dem Mittagessen keine gute Idee ist und können sofort mehrere Gründe dafür benennen, sondern sind auch in der Lage, unser Verlangen nach hinten zu schieben und uns auf nach dem Essen zu vertrösten. Wenn dein Kind jedoch etwas möchte, dann bitte gleich, auf der Stelle und sofort. Es handelt nicht rational, denn seine Bedürfnisse schnell zu befriedigen steht bei ihm noch uneingeschränkt im Vordergrund – es setzt also alles daran, sie umgehend zu stillen.

Der Blick auf dich

Spätestens beim dritten Mal „Darf ich was Süßes?" knallen eure Vorstellungen aufeinander. Immer wieder das Gleiche gefragt zu werden und es wiederholt verbieten zu müssen, das zehrt immens an unseren Nerven. O Mann.

Wir haben im Laufe der Zeit gelernt, unsere Impulse zu kontrollieren und Strategien zu entwickeln, mit ihnen umzugehen und ihnen nicht immer sofort nachgeben zu müssen – weil wir das auch gar nicht immer können.

Außerdem haben wir als Erwachsene inzwischen verinnerlicht, dass „die Dosis das Gift macht" – wir wissen, dass es ein Maß gibt, das nicht überschritten werden sollte, um unser Wohlbefinden nicht zu beeinträchtigen. Ebenso haben wir ein Bewusstsein für Gesundheit entwickelt und wissen, welchen Einfluss eine (un-)ausgewogene Ernährung auf unseren gesamten Körper haben kann.

Die Reflexion

Nimm dir für diesen Teil bitte 15 Minuten Zeit.
Kannst du die folgenden Fragen beantworten?

Kennst du eine solche Situation aus deinem Alltag? Fallen dir noch andere Situationen ein, die bei dir ähnliche Reaktionen auslösen?

. . . .

. . . .

. . . .

. . . .

Wie fühlst du dich in diesen Situationen?

. . . .

. . . .

. . . .

. . . .

. . . .

Wie würdest du darin lieber reagieren?

. . . .

. . . .

. . . .

. . . .

. . . .

Was wären denn mögliche Snack-Alternativen, die du deinem Kind in euren typischen Situationen guten Gewissens anbieten könntest? Erstelle eine Liste, auf die du im „Notfall" schnell zugreifen kannst.

. . . .

. . . .

. . . .

. . . .

. . . .

Gemeinsam aus dem Mamsterrad

Was du für dein Kind tun kannst

Begegne deinem Kind mit Verständnis. Mit der Bitte nach Süßigkeiten möchte es dich nicht immer wieder infrage stellen oder gar provozieren. Es will sich natürlich auch nicht absichtlich schlecht ernähren. Dein Kind hat schlichtweg Lust auf etwas Süßes oder Hunger und sucht deshalb intuitiv nach einem schnellen Energielieferanten.

Dein Kind versteht noch nicht, dass Zucker für seinen Körper und die Zähne ungesund ist, weder kann es rationalen Erklärungen folgen, noch logische Konsequenzen (z. B. Karies) absehen. Alles, was dein Kind hört, ist dein „Nein!", und damit bricht seine kleine Welt zusammen, denn die Fähigkeit, schnell einen Plan B zu entwickeln, hat es noch nicht erlangt.

Je kleiner dein Kind ist, desto eher braucht es deswegen hinter jedem „Nein!" ein „Ja!". Biete ihm also statt einer Nascherei eine der Snack-Alternativen aus deiner Liste an. Denke daran, die Liste von Zeit zu Zeit zu aktualisieren und deinem Kind so Vielfalt zu bieten.

Was du für dich tun kannst

Wie immer gilt zunächst: Sei nicht so hart zu dir selbst. Es ist so anstrengend, immer wieder die gleiche Frage zu beantworten, vor allem, wenn sie ein Nein erfordert, und du darfst davon auch wirklich genervt sein. Begegne auch dir mit Verständnis.

Sei geduldig mit dir. Gedanken und typische Reaktionen, die sich über lange Zeit eingenistet haben, werden nicht über Nacht ausradiert. Behalte dich gut im Blick und versuche, eventuelle Trigger und Warnsignale für reißende Geduldsfäden frühzeitig zu erkennen. Je eher dir das gelingt, umso leichter wird es, deine Notfall-Strategien abzurufen und dir selbst den Wind aus den Segeln zu nehmen. Ideen dafür findest du in unserer SOS-Liste ganz am Anfang des Buches.

Und dann erinnere dich in Zukunft erleichtert daran, dass du mit deiner Liste voller Alternativ-Snacks ab jetzt ja vorgesorgt hast! Feiere jeden kleinen Fortschritt und sei nicht enttäuscht, wenn es an einem anderen Tag mal wieder nicht so gut klappt. Du hast jeden Tag (hehe, manchmal ja sogar mehrmals täglich) die Chance, es wieder anders zu versuchen.

Pssst,
wir verraten dir ein kleines Geheimnis: Wir reagieren meistens nur so harsch, weil wir uns in die Ecke gedrängt fühlen und uns so schnell keine Alternativen oder Auswege einfallen. Aber dagegen lässt sich schnell etwas unternehmen.

Wie schaffe ich es, dass mein Kind am Tisch sitzen bleibt?

Die Situation

Essen ist fertig! Alle sitzen am Tisch vor den dampfenden Tellern, als dir auffällt, dass Salz und Pfeffer noch fehlen. Du flitzt also noch einmal schnell in die Küche, und als du wiederkommst, fliegen schon die ersten Erbsen durch die Luft. „Iiih, das Grüne mag ich nicht!" Du atmest einmal tief durch und entscheidest dich, diese Diskussion jetzt nicht heraufzubeschwören.

Dann beginnt ihr zu essen. Du schaust in die Runde. Dein Kind kann nicht still sitzen und steht ständig wieder auf, natürlich fällt dabei sein Besteck runter. Du seufzt, hebst es auf und bittest dein Kind, sich wieder hinzusetzen.

Jetzt wendest du dich deinem Partner oder deiner Partnerin zu. Du willst schon die ganze Zeit nach den Ergebnissen vom gestrigen Elternabend fragen. Die Unterhaltung kommt in Gang, doch noch bevor es richtig spannend wird, fällt der Wasserbecher um. Schon wieder. Langsam bist du genervt, ihr wischt den Tisch trocken und setzt euch wieder.

Gerade als das Gespräch wieder Fahrt aufnimmt, springt dein Kind auf, sagt, es sei satt, und rennt um den Tisch. Sein Teller ist noch halb voll, und das wilde Geschrei ist dir zu laut. Du verlierst die Fassung und schreist los: „Kann man sich hier denn nicht einmal in Ruhe unterhalten?"

Der Perspektivwechsel

Der Blick auf dein Kind

Kindern im Kindergartenalter fällt es häufig sehr schwer, sich länger als ein paar Minuten auf eine Tätigkeit einzulassen. Dabei ist es tatsächlich gar nicht entscheidend, ob es um Spielen, Basteln, Am-Tisch-Sitzen oder Essen geht. Sie sind schlichtweg noch nicht in der Lage, sich über einen längeren Zeitraum auf eine Sache zu fokussieren.

Hinzukommt, dass Tischregeln wie Ellenbogen runter, kein Schmatzen oder Schlürfen, ordentliches Benutzen von Besteck und gerades Sitzen, kein Aufstehen und Umherlaufen oder Warten, bis alle aufgegessen haben, oft nicht beachtet werden. Das ist zum einen so, weil dein Kind intuitiv darauf bedacht ist, seine *eigenen* Bedürfnisse schnellstmöglich zu befriedigen, und zum anderen ist ihm die gesellschaftliche Bedeutung der Einhaltung solcher Regeln weder bekannt, noch hätte es ausreichend Verständnis dafür.

Auch hier gilt wieder, dass dein Kind nicht *gegen* dich (oder eure Tischregeln) handelt, sondern schlicht *für* sich und seine Bedürfnisse.

Der Blick auf dich

Die oben beschriebene Situation bei Tisch ist leider kein Einzelfall, sie passiert uns allen wieder und wieder und wieder. Das ist erschöpfend und macht schlechte Laune. Kein Wunder, dass wir da manchmal richtig frustriert sind.

Hinzu gesellt sich die Sorge, dass unser Kind aufgrund fehlender „Manieren" bei anderen negativ auffallen könnte. Unsere automatisch ablaufenden Gedanken prophezeien uns dabei schlimme Szenarien. Sie führen uns in die Irre und eben zu der Sorge, dass unser Kind es nie lernen wird, sich zu „benehmen", wenn wir sein Verhalten jetzt dulden und ihm seinen Willen durchgehen lassen.

Uns scheint dieses Thema immens wichtig, denn zuallermeist wurde in unserer eigenen Kindheit großer Wert auf gesellschaftliche Normen und unsere Wirkung auf andere gelegt. Das ist tief in uns verwurzelt und bereitet uns bewusst und unbewusst so manche schlaflose Nacht.

Die Reflexion

Nimm dir für diesen Teil bitte 15 Minuten Zeit.
Kannst du die folgenden Fragen beantworten?

Welche Tisch- oder Familienregeln sind dir in deiner
Familie wirklich wichtig?

....

....

....

....

Wie fühlst du dich, wenn diese Regeln nicht eingehalten werden?

....

....

....

....

Welche automatisch ablaufenden Gedanken oder Sorgen gehen dir durch den Kopf, wenn dein Kind sich nicht an eure Regeln hält?

. . . .

. . . .

. . . .

. . . .

. . . .

Jetzt schau noch mal auf Seite 36 („Unsere Bedüfnisse") nach. Welche eigenen Bedürfnisse kannst du in der zuvor genannten Situation identifizieren und wie könntest du diese in deinem Alltag alternativ befriedigen?

. . . .

. . . .

. . . .

. . . .

Gemeinsam aus dem Mamsterrad

Was du für dein Kind tun kannst

Übe dich in Verständnis und Nachsicht für dein Kind. Und gestalte das gemeinsame Essen kindgerecht. Findet vielleicht ein Gesprächsthema, bei dem euer Kind auch mitreden kann, statt es mit wenig spannenden oder unverständlichen „Erwachsenen-Themen" aus der Unterhaltung auszuschließen und zu langweilen.

Werde kreativ! Wenn das lange Stillsitzen am Tisch nicht klappen will, veranstaltet doch mal ein Picknick auf dem Fußboden oder ein Steh-Büfett in der Küche. Und es spricht doch vielleicht auch gar nichts dagegen, dein Kind aufstehen zu lassen, wenn es fertig ist mit Essen und nicht länger sitzen bleiben mag. So kann dein Kind sich mit dem beschäftigen, was ihm Spaß macht, und ihr Eltern kommt vielleicht in den Genuss, euch noch ein paar Minuten ungestört unterhalten zu können. Win-win, oder?

Gib deinem Kind Zeit, eure Regeln zu verinnerlichen, und verliere nicht die Geduld, wenn es an manchen Tagen nicht so gut klappt.

Was du für dich tun kannst

In der Reflexion hast du eure Familien- und Tischregeln identifiziert. Du darfst hinterfragen, warum oder auch *ob* sie dir selbst wichtig sind. Oder ob du manche unbemerkt aus deiner Kindheit übernommen hast, die für dich heute aber gar nicht mehr passend oder notwendig sind. Behalte im Hinterkopf, dass keine Regel in Stein gemeißelt ist und jederzeit auf die Bedürfnisse innerhalb *deiner* Familie angepasst werden kann.

Du bist das Vorbild für dein Kind. Wenn du ihm eure Familienregeln vorlebst, wird es ein Verständnis für sie entwickeln, sobald es dazu in der Lage ist. Was dir wichtig ist, darf auch als wichtig vermittelt werden. Werde also nicht müde darin, deinem Kind deine Werte immer wieder altersgerecht in Erinnerung zu rufen – bestimmt hält es den Löffel in ein paar Monaten nicht mehr mit der ganzen Faust umklammert oder versucht, ihn ausnahmslos quer in sein Mündchen zu schieben. Hab Vertrauen! Alles, was du brauchst, ist Geduld.

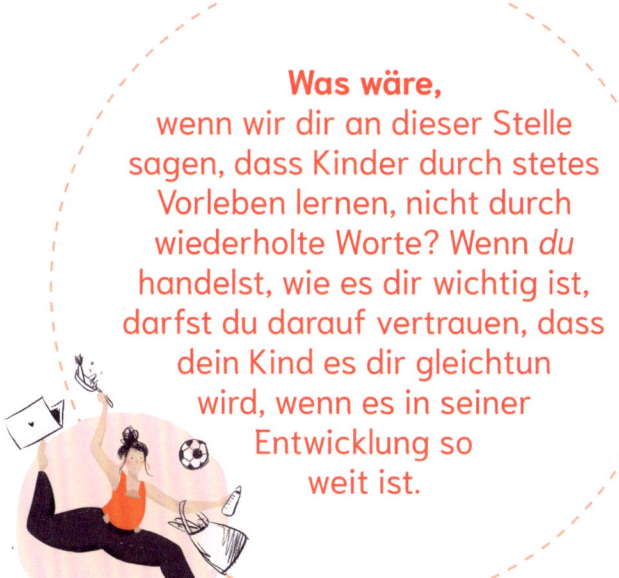

Was wäre, wenn wir dir an dieser Stelle sagen, dass Kinder durch stetes Vorleben lernen, nicht durch wiederholte Worte? Wenn *du* handelst, wie es dir wichtig ist, darfst du darauf vertrauen, dass dein Kind es dir gleichtun wird, wenn es in seiner Entwicklung so weit ist.

Wenn die Fetzen fliegen – Wie lässt sich Geschwisterzoff am besten schlichten?

Die Situation

Bleiben wir noch mal bei der Geschichte der vorherigen Seiten, der gemeinsamen Mahlzeit. Stell dir vor, du hast zwei Kinder und möchtest zur Feier des Tages beiden gerade eine Apfelschorle eingießen. Versehentlich gießt du in einen Becher aber ungefähr einen halben Millimeter mehr Saft ein – nur Eltern können die Tragik hinter dieser Aussage verstehen. Aber: Hättest du dauernd für Gerechtigkeit sorgen wollen, wärst du schließlich Schiedsrichterin geworden!

Als die Wogen sich gerade wieder geglättet haben, geht der Streit um den Teller los. Beide Kinder wollen natürlich den gelben Teller haben, schließlich isst es sich von dem nun mal am allerbesten. Du atmest hörbar aus und willst einfach den zweiten gelben Teller aus der Küche holen, um ihn gegen den grünen auszutauschen. Dafür musst du ihn kurz aus dem Geschirrspüler fischen und abspülen … Da hörst du plötzlich wildes Geschrei.

Als du zurückkommst, siehst du, was passiert ist. Ein Becher ist umgekippt, sein Inhalt verteilt sich über den gesamten Tisch und tropft inzwischen auch auf den Boden. Es ist irre laut, dabei schimpft ein Kind, das andere weint. Du warst doch nicht mal zwei Minuten weg!

Warum müssen die Kinder eigentlich immerzu streiten? Dein Puls schnellt in die Höhe, und du meckerst los.

Der Perspektivwechsel
Der Blick auf dein Kind

Der Wunsch danach, gerecht behandelt zu werden, ist menschlich. Doch im Gegensatz zu uns Erwachsenen wissen Kinder noch nicht, dass sich kleine Ungerechtigkeiten, zum Beispiel etwas mehr Saft in dem einen Glas, über die Zeit meistens wieder ausgleichen – sie empfinden es darum als immens wichtig, sich sogar für solche Kleinigkeiten (in unseren Augen) mit ganzer Kraft einzusetzen. Darüber hinaus haben sie noch keine Strategien entwickelt, mit größeren Ungerechtigkeiten, beispielsweise, wenn ein jüngeres Kind eher ins Bett muss als das ältere, umzugehen.

Der Streit wirkt auf dich allerdings auf den ersten Blick wahrscheinlich schlimmer, als er sich für deine Kids anfühlt. Kinder, die sich nahestehen, dürfen, nein, *müssen* sich sogar aneinander reiben – das gilt besonders für Geschwister. So lernen sie das soziale Miteinander und den Umgang mit Auseinandersetzungen.

Spannend ist, dass ein Streit für Kinder meistens genauso schnell wieder verfliegt, wie er gekommen ist: Während wir noch lange daran knabbern, spielen die Kinder längst schon wieder einträchtig weiter.

Möglicherweise hat eines deiner Kinder (oder gar beide) den Tag bisher auch ruckelig erlebt, und seine „Bedürfnis-Tanks" für „Gesehen-Werden" oder „Nähe" (vergleiche dazu die Mamsterrad-Pyramide auf Seite 26) wurden noch nicht ausreichend gefüllt. Gerade, wenn eins deiner Kinder generell noch mehr Unterstützung benötigt als das andere, können sich Ungleichgewichte über den Tag anstauen und entladen sich irgendwann im Geschwisterstreit. Der kann dann auch mal sehr heftig ausfallen, obwohl es augenscheinlich vielleicht nur um eine Kleinigkeit geht.

Der Blick auf dich

Wenn die eigenen Kinder gefühlt pausenlos streiten, puh, das zehrt an den Nerven. Nicht nur die Lautstärke ist herausfordernd, auch die Themen, um die es bei den Auseinandersetzungen geht, und die Art und Weise, in der unsere kleinen Lieblingsmenschen dabei miteinander umgehen, zerreißt uns manchmal schier das Herz.

Die Familie ist einer unserer wertvollsten Schätze, und wir können es nur schwer ertragen, wenn die von uns angestrebte Harmonie zu Hause von Gewitterwolken verdunkelt wird.

Einen Zustand der Uneinigkeit wollen wir schnellstens beseitigen, das vermeintliche Problem der Kinder beheben und mit einer gerechten Lösung den lieben Frieden wiederherstellen.

Dabei ist es nicht immer leicht, einen wirklich gerechten Weg auszumachen. Nicht selten nehmen wir dabei gleichzeitig die Rolle des Detektivs, der Polizei und der Richterin ein. Dabei neigen wir dazu, das jüngere Kind in Schutz zu nehmen und das ältere zur Verantwortung zu ziehen. Das passiert übrigens häufig, ohne dass wir Indizien für die „Schuld" haben, einfach, weil wir an das ältere Kind höhere Erwartungen stellen. Dass es im Grunde selbst noch relativ klein ist, übersehen wir dabei manchmal.

Übrigens: Weil viele von uns es aus der eigenen Kindheit so kennen, versuchen wir automatisch, immer jemandem die Schuld zuzuweisen, wenn es Streit gibt. Viel wichtiger wäre doch aber, herauszufinden, warum überhaupt gestritten worden ist. So kann beim nächsten Mal vielleicht frühzeitig gegengesteuert werden.

Und sollte „das Kind schon in den Brunnen gefallen" sein, können wir unsere Kleinen während des Konfliktes dabei unterstützen, eigene Lösungsideen zu entwickeln, denn sie müssen erst noch lernen, mit Streitereien, Unzufriedenheiten und Ungerechtigkeiten umzugehen.

Die Reflexion

Nimm dir für diesen Teil bitte 15 Minuten Zeit.
Kannst du die folgenden Fragen beantworten?

Wie hast *du* als Kind den Umgang mit Streit gelernt? Kannst du dich daran erinnern, wie du dich bei einem Streit gefühlt hast?

....
....
....
....

Wie gut kannst du den Streit deiner Kinder aushalten?

....
....
....
....
....

Welche automatisch ablaufenden Gedanken oder Sorgen gehen dir durch den Kopf, wenn deine Kinder sich streiten?

Mit diesem Wissen im Gepäck: Wie möchtest du mit Streit zukünftig umgehen?

Gemeinsam aus dem Mamsterrad

Was du für dein Kind tun kannst

Auch wenn es dir anfangs schwerfällt, mische dich nicht sofort in den Streit ein. Deine Kinder erwarten gar nicht, dass du mit einem Lösungsvorschlag zur Stelle bist. Gib ihnen die Zeit, selbst zu einem Konsens zu finden. Sollte das nicht passieren, warte ab, bis sie auf dich zukommen (Ausnahme: Es wird körperlich, und ein Kind ist dem anderen unterlegen). Versuche dann, beiden unvoreingenommen und neutral zu begegnen: Höre dir zunächst jede Seite an, versuche, dich in die jeweilige Lage hineinzuversetzen, und zeige Verständnis für beide.

Dann geht es darum, mit deinen Kindern gemeinsam eine Einigung zu erzielen – das hat den Vorteil, dass diese von beiden als gerechter empfunden wird als eine von dir vorgegebene. Kinder dabei zu begleiten, eigene und kreative Kompromisse zu erarbeiten, stärkt ihr Selbstvertrauen und ihre Streitkompetenz.

Manchmal gibt es auch Tage, die es ordentlich in sich haben. Da merkt man deutlich, dass es für ein oder mehrere Familienmitglieder besonders anstrengend war. Dann hilft nur, sich noch mehr in Nachsicht zu üben und Verständnis für alle (auch sich selbst!) zu zeigen. Lasst Fünfe einfach mal gerade sein! Wichtig ist dann nämlich nur noch, den Tag mit möglichst wenig Druck zu beenden.

Was du für dich tun kannst

Zunächst mal: Atme tief durch und wappne dich gegen die Lautstärke (Ideen dazu findest du in unseren SOS-Tipps ganz zu Beginn des Buches). Wichtig ist, dass du auf dich und deine Grenzen achtest, damit du deine Kinder in dieser Situation gelassen begleiten kannst.

Dann erinnere dich daran: Du bist nicht grundsätzlich für das Schlichten eines Streits verantwortlich. Je jünger deine Kinder sind, desto intensiver müssen sie in Auseinandersetzungen von dir begleitet werden. Nimm dabei eher die Position eines Coaches als die einer Richterin ein. Je älter sie sind, umso eher darfst du sie aber auch dazu auffordern, den Streit selbst im Kinderzimmer auszutragen.

 Der eigene Anspruch, für alles und jeden immer sofort eine Lösung parat zu haben, ist eine Bürde, die wir Mütter uns selbst auferlegen. Es kommt erschwerend hinzu, dass unsere vorgefertigten Lösungen unserer erwachsenen Perspektive entspringen und wir die kindliche Sichtweise dabei oft vernachlässigen. Darum führen unsere Entscheidungen oftmals zu noch größerem Drama, obwohl wir doch eigentlich nur helfen (und Ruhe und Frieden) wollen. Löse dich von deinem Anspruch und vertraue darauf, dass deine Kinder auch eigene Ideen und Kompromisse entwickeln können, wenn ihnen die Möglichkeit dazu gegeben wird. Übe dich auch hier in Geduld. Je öfter deine Kinder eine eigene Lösung erarbeiten dürfen, desto einfacher werden zukünftige Streitigkeiten ohne deine Anstrengungen beigelegt werden.

> **Was wäre,** wenn wir dir verrieten, dass Geschwister sich alle 10–20 Minuten streiten können und dies als normal gilt? Besser noch: Das, was wir als Streit empfinden, nehmen Kinder anders wahr und können sich im Nachhinein oft nicht mehr daran erinnern, gestritten zu haben.

Ab wann braucht mein Kind keinen Mittagsschlaf mehr?

Die Situation

Das Mittagessen liegt hinter euch, und es ist Zeit, eine kleine Mittagsruhe einzulegen. Dein Kind reibt sich die Augen, und die Müdigkeit ist ihm ins Gesicht geschrieben. Ihr geht ins Zimmer und legt euch hin, du genießt diese Zeit, denn du liebst es, mit deinem Kind ein bisschen zu dösen, und eine Pause kannst auch du wirklich gut gebrauchen.

Doch irgendwie ist seit einer Weile der Wurm drin, dein offensichtlich müdes Kind will einfach nicht zur Ruhe kommen. Es steht immer wieder auf oder erzählt und erzählt – an Schlaf ist nicht zu denken. Nachdem du dich eine ganze Zeit bemüht hast, es zu beruhigen, gibst du schließlich auf, verärgert, weil du weißt, dass der Nachmittag sehr anstrengend werden wird. An manchen Tagen hast du mehr Glück, und nach guten 20 Minuten schläft dein Kind ein.

An Tagen, an denen die Mittagspause fehlt, ist die Stimmung spätestens um 17 Uhr unterirdisch. Dein Kind ist quengelig, du kannst ihm nichts recht machen, es weint viel, und du hast ganz klar das Gefühl, dass der Mittagsschlaf wirklich noch wichtig ist. Jetzt darf das Kind bloooß nicht einschlafen, sonst ist heute Abend die Hölle los.

Wenn der Mittagsschlaf hingegen gut klappt, läuft es für euch beide den Rest des Tages wahrscheinlich deutlich entspannter ab. Und die Pause hat auch dir wirklich gutgetan, denn du konntest dich ein bisschen ausruhen, und dein Mamsterrad stand eine kleine Weile still. Vielleicht hast du die Zeit aber auch genutzt, um in Ruhe ein, zwei Dinge zu erledigen, die du schon ewig vor dir herschiebst. Wie dem auch sei, ihr kommt gut durch den Nachmittag, doch als es Zeit fürs Bett wird, zeichnet sich ab: Dein Kind scheint noch gar nicht müde. Puh, das Ins-Bett-Bringen wird heute sicherlich wieder mal alles andere als leicht. Oje.

Der Perspektivwechsel
Der Blick auf dein Kind

Kleinkinder brauchen am Tag mehrere Pausen, da ihr Energielevel noch nicht für lange Etappen ausreicht. Zwischen 12 und 18 Monaten wird plötzlich aus mehreren, über den Tag verteilten Nickerchen ein etwas längerer Mittagsschlaf. Um den dritten Geburtstag herum benötigen viele Kinder auch diesen Schlaf nicht mehr.

Das Schlafbedürfnis von Kindern ist aber ganz individuell und hängt von unterschiedlichen Faktoren ab. Zugrunde liegt natürlich der eigene Biorhythmus, aber auch Komponenten wie Entwicklung, Alter, Umfeld und Tagesform spielen eine Rolle dabei, wie viel Schlaf oder Pausen dein Kind braucht und wie sie über den Tag verteilt sind.

Übrigens: Nur, weil dein Kind keinen Mittagsschlaf mehr macht, heißt das nicht, dass es locker von morgens bis abends durchpowern kann. Sein Energielevel ist noch nicht auf so lange Zeitspannen ausgerichtet. Darum solltest du zum einen darauf achten, dass du eure Tage nicht so voll planst, und zum anderen, dass dein Kind sich über den Tag immer mal wieder „ausruht", zum Beispiel, wenn ihr zusammen kuschelt. Dann kannst du damit rechnen, dass auch euer Nachmittag und Abend wahrscheinlich entspannter verläuft.

Der Blick auf dich

Der Alltag mit einem Kleinkind ist manchmal alles andere als leicht, außerdem sind die Nächte oft kurz, und dein Schlaf wird häufig noch gestört. Du! Bist! So! Müde!

Die Mittagsruhe, wenn dein Kind schläft, nutzt du normalerweise gern, um dich selbst ein wenig auszuruhen – entweder mit deinem Kind zusammen oder auf der Couch mit einer Zeitschrift. Häufig hast du diese Zeit zum Pausieren aber auch gar nicht, weil es die einzige ist, in der du noch ansatzweise im Homeoffice oder im Haushalt etwas schaffen oder endlich den längst überfälligen Termin in der Gynäkologie zur Vorsorge vereinbaren kannst. Außerdem blieb gestern schon wieder zu wenig Zeit, um deine eigenen Gedanken einmal zu Ende zu denken, und du brauchst dringend ein bisschen Zeit für dich. Vor allem jetzt, wo dein Kind gerade immer erst so spät ins Bett kommt. Da gibt auch der Abend nicht mehr viel her. Der Zustand der Erschöpfung ist lähmend und manchmal kaum noch erträglich.

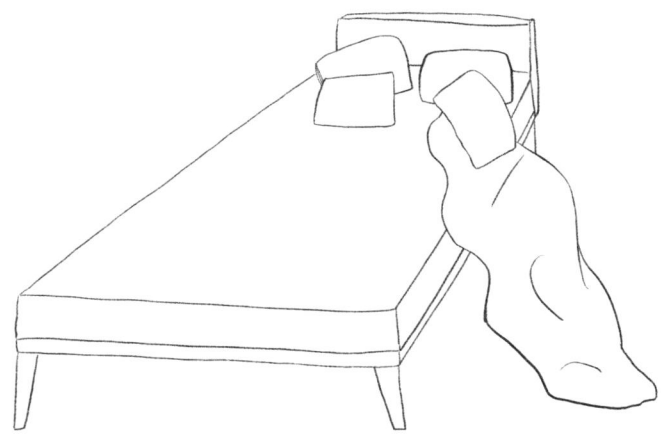

Die Reflexion

Nimm dir für diesen Teil bitte 15 Minuten Zeit.
Kannst du die folgenden Fragen beantworten?

Wie leicht fällt es dir, neue Entwicklungsschritte deines Kindes zu erkennen, dich darauf einzulassen und euren Alltag neu daran auszurichten?

. . . .

. . . .

. . . .

. . . .

Wie fühlst du dich, wenn sich bewährte Rituale plötzlich ändern?
Welche ähnlichen Situationen fallen dir ein?

. . . .

. . . .

. . . .

. . . .

Was bräuchtest du, damit es dir leichter fiele, dich auf solche Veränderungen einzulassen?

. . . .

. . . .

. . . .

. . . .

. . . .

Erinnere dich an Situationen, in denen du losgelassen, dich von Altem getrennt und Neues probiert hast. Was hast du in diesen Situationen gewonnen, was verloren? Und wie hast du dich dabei gefühlt (blättere dazu noch einmal zurück auf Seite 32 („Unsere Gefühle").

. . . .

. . . .

. . . .

. . . .

Gemeinsam aus dem Mamsterrad

Was du für dein Kind tun kannst

Beobachte dein Kind im Tagesablauf: Wenn du merkst, dass es mittags oder abends eher lange zum Einschlafen braucht, scheint es den Mittagsschlaf nicht mehr dringend zu benötigen. Wenn dieser dann wegfällt, kommt dein Kind wahrscheinlich auch am Abend schneller und besser zur Ruhe.

Möchtest du den Mittagsschlaf „ausschleichen" lassen, kannst du die Schlafenszeit mittags peu à peu verkürzen, indem du dein Kind nach und nach etwas eher weckst. Du wirst an der Veränderung seines abendlichen Einschlafverhaltens bemerken, ob eine Kürzung des Mittagsschlafes bereits ausreicht, oder ob er noch deutlicher reduziert werden darf.

Hab Vertrauen, dass sich dein Kind schnell auf einen neuen Schlafrhythmus einstellen kann, wenn es in seiner Entwicklung so weit ist. Gib ihm die Möglichkeit, sich in diesen neuen Rhythmus besser einzufinden, indem du vielleicht übergangsweise am Mittag eine Ablenkung findest, statt es schlafen zu lassen, und die Nachmittage dann so gestaltest, dass sie dein Kind nicht überfordern.

Was du für dich tun kannst

O, du schöner Mittagsschlaf, wo bist du bloß hin? Sich um so ein kleines Wesen zu kümmern, das schlaucht. Kein Wunder also, dass du so müde bist und dir einen Break wünschst. Wie wäre es aber, wenn ihr statt des Schlafens zusammen eine Ruhepause einlegt, in der ihr gemeinsam ein Buch lest oder ein Hörspiel hört? Vielleicht kann dein Kind auch allein ein bisschen blättern, während du einen Moment lang die Augen zumachst. Das verschafft nicht nur dir eine Verschnaufpause, sondern ist auch für dein Kind enorm wichtig. Wenn ihr dabei noch kuschelt, füllt das eure Energietanks für den Rest des Tages.

Falls du dir Sorgen um die Wäsche machst: Die kann getrost warten, sie läuft dir ja (leider!) nicht weg. Du kannst alle Aufgaben im Haushalt auch später gemeinsam mit deinem Kind erledigen. Im Zweifel braucht ihr dafür ein bisschen länger, es lernt aber gleich, dass Dinge nicht einfach von Zauberhand passieren.

Wenn die Mittagsruhe plötzlich ganz wegbricht, wirst du die „verlorene" Zeit an anderer Stelle gewinnen: Dein Feierabend wird eher beginnen, da dein Kind höchstwahrscheinlich früher einschlafen wird.

Wichtig ist dann, dass du auch über den Tag schon gut für dich selbst sorgst. Versuche, dir im Alltag Inseln einzurichten, die dich verschnaufen lassen – schau dazu gern noch einmal in unsere SOS-Tipps am Anfang des Buches und besprich dich mit deinem Partner oder deiner Partnerin, wann ihr euch abwechseln und gegenseitig etwas Freiraum schenken könnt. Diese Inseln dürfen fest in deinen Tagesablauf integriert sein und sollten nicht vom Schlafverhalten eures Kindes abhängen.

Uns auf etwas Neues einzulassen fällt uns oft schwer, weil wir den Ausgang nicht sicher vorhersehen können, und wir hadern nicht selten mit unserem Selbstvertrauen, ob wir das überhaupt schaffen. Dürfen wir dir etwas zuflüstern: Du schaffst das! Und auch neue Wege können so viel Schönes bieten!

DER NACHMITTAG

Trubel am Nachmittag

Hand aufs Herz – Nachmittage, vor allem mit kleineren Kindern, sind wirklich die absolute Königsdisziplin. Von tiefenentspannt bis unfassbar anstrengend ist alles dabei, und wie sie verlaufen, hängt von wirklich vielen Faktoren ab, auf die wir Mütter leider nur teilweise überhaupt Einfluss nehmen können.

Zunächst einmal ist natürlich entscheidend, wie es dir selbst geht – Hast du genug gegessen und dir idealerweise auch die Zeit nehmen können, kurz zu verschnaufen? Gehst du schon wieder deinem Beruf nach und wenn ja, wie läuft es da gerade für dich? Kurzum: Wie lief dein Tag bisher, konntest du gut auf dich selbst achten oder stand dein Mamsterrad keine Sekunde still, und du bist fast schon am Ende deiner Kräfte, obwohl noch so viel Tag übrig ist?

Eine Rolle spielt auch, was am Nachmittag anliegt. Gibt es vielleicht Dinge zu erledigen, Besorgungen zu machen oder Termine einzuhalten? Oder könnt ihr es langsam angehen und euch treiben lassen, auf die vorherrschende Stimmung eingehen, sie berücksichtigen und ganz nach euer aller Befinden handeln?

Darüber hinaus ist maßgeblich entscheidend, wie es deinem Kind geht. Wie war sein Tag bislang? Musste es schon häufig kooperieren, welche Erfahrungen hat es im Kindergarten gemacht, und was hat es vielleicht Neues gelernt, hat es noch Energie oder sind seine Kapazitäten schon aufgebraucht?

In diesem Kapitel nehmen wir typische Nachmittagsszenarien genauer unter die Lupe. Wie immer lassen sich die Beispiele auch auf andere Situationen im Tageslauf anwenden.

Behalte im Hinterkopf, dass manche Herausforderung dem jeweiligen Entwicklungsschritt deines Kindes geschuldet ist und nur eine Weile überbrückt werden muss (Stichwort: „Mittagsschlaf"). Hier kann es schon helfen, die Nachmittage zeitweise etwas ruhiger zu gestalten, bevor ihr wieder richtig „in die Vollen" gehen könnt.

Warum ist das Abholen aus dem Kindergarten so aufreibend?

Die Situation

Du liegst super in der Zeit, hast heute eine kleine Mittagspause eingelegt, in der du einen Kaffee trinken konntest, und hast es sogar geschafft, auf dem Weg noch ein paar Sachen einzukaufen. Jetzt bist du also bald beim Kindergarten und freust dich auf dein Kleines. Vielleicht geht ihr noch auf den Spielplatz oder ein Eis essen – heute wollt ihr es euch richtig schön machen!

Vielleicht bist du aber auch abgehetzt, denn du bist mal wieder viel zu spät dran. Der Termin im Job dauerte länger als gedacht, noch nicht einmal in Ruhe Mittag essen konntest du. Dabei wolltest du dein Kleines heute eigentlich etwas früher abholen, das hattest du ihm bei eurem tränenreichen Abschied heute Morgen versprochen. Jetzt aber schnell, damit du überhaupt noch pünktlich bist!

Als du beim Kindergarten ankommst, entdeckst du dein Kind gleich ganz zufrieden beim Spielen. Doch als du es rufst, geht es schon los: Statt freudestrahlend auf dich zuzuflitzen, steigen ihm die Tränen in die Augen, und es fängt fürchterlich an zu weinen. Vielleicht dreht es sich auch um und läuft weg oder es kommt meckernd zu dir und schimpft wütend, warum du jetzt erst kommst oder dass es noch bleiben will, weil es doch noch gar nicht fertig gespielt hat. Puh, na das kann ja heiter werden!

Als sich dein Kind dann endlich löst beziehungsweise beruhigt hat und sich auf dein Bitten und Drängen loszugehen einlässt, geht es weiter: Noch bevor du ihm erzählen kannst, was ihr heute Nachmittag vorhabt, hörst du ein anklagendes „Mamaaa, wo ist mein Schnuller?!" oder wirst forsch gefragt, was du zum Essen dabei hast. Noch einmal gelingt es dir, tief durchzuatmen, da kommt schon die Erzieherin hinter dir her mit den Worten: „Ach, Mensch, das versteh ich gar nicht, also hier war bis eben noch alles in Ordnung." Na super, genau das hast du gerade noch gebraucht.

Der Perspektivwechsel
Der Blick auf dein Kind

Während du *deinen* Aufgaben nachgegangen bist, hatte dein Kind hoffentlich einen wundervollen, aufregenden und abenteuerlichen Tag im Kindergarten. Doch so schön es vielleicht war, so anstrengend war es vermutlich auch: Die vielen Kinder, die Lautstärke, all die neuen Eindrücke und Impulse über den Tag, die vielen Anforderungen im Kindergartenalltag und die damit verbundenen Kooperationen, die dein Kind bis zum Abholen schon eingegangen ist – das schlaucht.

Und plötzlich kommst du ins Spiel, und auf einen Schlag fällt all die Anspannung, die dein Kleines über den Tag (aus-)gehalten hat, von ihm ab. Hinzukommt sein Wunsch, sein Spiel erst noch in seinem Tempo zu beenden.

Sich von etwas oder jemandem zu trennen, fällt Kindern selten leicht, denn sie verstehen noch nicht, dass Abschied nicht gleich „für immer" heißt. Sie besitzen noch nicht den nötigen Weitblick zu erkennen, dass sie zum Beispiel morgen schon wieder in den Kindergarten kommen dürfen. Wie wir im Kapitel „Wie kann ich meinem Kind den Abschied in der Kita leichter machen?" schon besprochen haben (Seite 74), leben unsere Kleinen im Hier und Jetzt und können noch nicht ad hoc von einer Situation in die nächste wechseln.

Außerdem bist du für dein Kind die vertrauteste Person in seinem Leben, sein personifiziertes *Zuhause*. Dein Erscheinen im Kindergarten signalisiert ihm darum, dass es jetzt alle Anspannung los- und sich fallen lassen kann. Dein Kind weiß instinktiv, dass es sich nicht mehr dem Gruppengeschehen unterordnen muss, sondern bei dir sein darf, wie es „wirklich" ist, mit der Gewissheit, dass sein Handeln, ganz egal, wie es ausfällt, deiner Liebe zu ihm nicht schaden wird. Ist das nicht ein wundervoller Liebesbeweis?

Der Blick auf dich

So ein blödes Gefühl, oder? Du hast dich richtig doll auf dein Kind gefreut und vielleicht tolle Pläne gehabt. Außerdem hast du dir gerade wirklich Mühe gegeben, um nicht (viel) zu spät zu kommen. Und jetzt fällt die Begrüßung so enttäuschend aus. Deine Lust, noch gemeinsam etwas Schönes zu unternehmen, ist mit einem Schlag wie weggewischt, und du bist gekränkt. Warum freut sich dein Kind nicht einfach, dich wiederzusehen?

Mutter zu sein ist eine Aufgabe, in die wir ohne eine Ausbildung und quasi über Nacht schlidern. Und es gibt nicht mal Feedback, ob wir „unseren Job" richtig machen. Wenn wir unserem Beruf nachgehen, das haben wir im Kapitel „Plötzlich Mama" schon erläutert (lies dazu gern nochmal ab Seite 10 nach), bekommen wir normalerweise von mehreren Seiten Rückmeldung: von unseren Vorgesetzten, von Kolleginnen oder von Kunden. Dadurch erhalten wir Bestätigung, können uns korrigieren und verbessern, erlangen Gewissheit und Sicherheit und können unser zukünftiges Handeln daran ausrichten. Als Mama bestätigt selten jemand unser Tun oder klopft uns mal auf die Schulter und sagt „Gut gemacht!". Der Lohn für unsere Mühen sind die zwei Ärmchen, die sich um unseren Hals schlingen, und das „Ich lieb dich so!", das uns mit einem warmen und nach Gummibärchen riechenden Hauch ins Ohr geflüstert wird.

Wenn unser Kind nun aber statt sich über uns zu freuen direkt zu Schimpfen anfängt oder sich gar von uns abwendet, fühlt sich das für uns nicht nur wie eine fehlende Bestätigung an, wir empfinden es vielleicht sogar als grundsätzliche Kritik an unserem Muttersein.

Die Reflexion

Nimm dir für diesen Teil bitte 15 Minuten Zeit.
Kannst du die folgenden Fragen beantworten?

Wie sieht für dich das Idealbild einer Mutter aus?
Wie ist es bei dir entstanden?

. . . .

. . . .

. . . .

. . . .

Warum glaubst du, dass dieses Idealbild erstrebenswert ist?
Passt es überhaupt zu dir und deinen Einstellungen?

. . . .

. . . .

. . . .

. . . .

Was macht dich persönlich als Mama aus? Welche Vorzüge erkennst du bei dir gegenüber dem Idealbild, das sich bei dir gefestigt hat?

. . . .

. . . .

. . . .

. . . .

Wenn du dich von dem vorgeformten Idealbild lösen könntest, welchen positiven Einfluss hätte das darauf, wie du dich selbst als Mutter siehst?

. . . .

. . . .

. . . .

. . . .

. . . .

Gemeinsam aus dem Mamsterrad

Was du für dein Kind tun kannst

Gib deinem Kind Zeit, sein Spiel zu beenden und sich in seinem Tempo auf den Abschied einzustellen. Möglicherweise passiert das trotzdem gefühlsstark – kurz durchdrehen, schreien oder schimpfen ist erlaubt und wahrscheinlich ein Zeichen für Erschöpfung, Reizüberflutung oder schlichtweg die Umstellung von „fremd" auf „zu Hause". Ein bisschen ist das, als würde sich dein Kind im Kopf schon mal eine Jogginghose anziehen und auf seinen Feierabend einstellen wollen, und alles geht ihm einfach nicht schnell genug.

Denk immer daran: Was du siehst, sind nur die Symptome. Bedürfnisse, die hier zugrunde liegen und gerade nicht befriedigt sein könnten (wie z. B. Ruhe, Selbstbestimmung) kannst du in unserer Mamsterrad-Pyramide auf Seite 26 nachlesen.

Viele Kinder verhalten sich nach dem Kindergarten außerdem so, als hätten sie den ganzen Tag nichts zu essen bekommen. Das ist ganz normal, denn schließlich muss dem Körper, wenn er nach einer Anstrengung zur Ruhe kommt, neue Energie zugeführt werden.

Was du für dich tun kannst

Zunächst mal: Atme tief durch. Das Verhalten deines Kindes ist nicht gegen dich persönlich gerichtet, es will dich mit seiner Reaktion weder verletzen noch ärgern.

Plane, wenn möglich, genügend Zeit beim Abholen ein, um nicht noch mehr Druck aufzubauen und deinem Kind einen sanfteren Übergang zu ermöglichen.

Sorge beim Abholen auch gut für dich und sei nicht so streng mit dir selbst. Es spricht zum Beispiel nichts dagegen, deine Jacke auszuziehen, wenn dir zu warm wird, oder dich nur auf dein Kind und dich zu konzentrieren, wenn es dir zu laut und trubelig ist. Der Klönschnack mit einer anderen Mama muss nicht genau in dem Moment stattfinden, der ohnehin schon stressig ist, sondern darf auf einen passenderen Zeitpunkt vertagt werden (vielleicht auf eine Verabredung zum Spielen, schau mal ins nächste Kapitel).

Wenn dich Aussagen von Betreuungspersonen oder anderen Müttern treffen („Ach, Mensch, du Arme, ich würde dir ja gern einen Tipp geben, aber ich kenn das so gar nicht, bei uns klappt das immer super"), versuche, auch die nicht persönlich zu nehmen. Viel eher: Sieh sie als das, was sie oftmals sind – nett gemeinte Versuche, dir zu helfen. Nur verstecken die sich nicht selten hinter Floskeln, die uns entweder zum Hals raushängen oder nur noch unsicherer machen. Aber: Keine davon soll deine Fähigkeiten als Mutter infrage stellen.

Wir streben oft nach einem vorgeformten Mutter-Idealbild, das nicht zu unserer Realität und oft auch gar nicht zu unserer Einstellung passt. Was wäre, wenn wir dir jetzt sagten, dass du deine eigene Realität leben und dein eigenes Idealbild erschaffen darfst? Würde dir das dabei helfen, deinen Alltag gelassener und wertschätzender zu meistern?

Warum will mein Kind nicht teilen?

Die Situation

Dein Kind hat im Kindergarten Freunde gefunden, und die Zeit der ersten Spielbesuche beginnt. Heute Nachmittag kommt ein anderes Kind mit seiner Mama zu euch, und während die Kinder spielen, wollt ihr Erwachsenen euch bei einem Kaffee mal in Ruhe unterhalten.

Alles läuft wunderbar, dein Kind zeigt seinem Besuch ganz aufgeregt sein Zimmer – doch als dieser ein Spielzeug in die Hand nehmen will, verdüstert sich die Stimmung augenblicklich. „Nein, meins!", hörst du dein Kind wieder und wieder nachdrücklich sagen, und du verstehst das gar nicht, denn in der Kita spielen die beiden doch immer so friedlich miteinander. „Ich weiß gar nicht, was plötzlich los ist", hörst du kurz darauf *dich* sagen, „er ist sonst nie so!"

Wobei, so ähnlich war das doch neulich schon auf dem Spielplatz. Ihr hattet genug Spielzeug dabei, um dem Kind in der Sandkiste etwas abzugeben. Doch egal, wonach es griff, immer wollte dein Kind genau *das* Spielzeug *sofort* haben. Alle Versuche, ihm etwas anderes schmackhaft zu machen oder die Spielgeräte abzuwechseln, schlugen fehl. Am Ende hast du eure Siebensachen eingepackt, weil es dir richtig unangenehm wurde, wie besitzergreifend dein Kleines agierte.

Dasselbe in Grün: Vielleicht hast du zwei Kinder und egal, wie die Tagesgrundstimmung ist, an einem Punkt gibt es immer Streit: nämlich, wenn es um Spielzeug geht. Ganz gleich, ob es sich dabei um die Kinderküche handelt oder das alte rote, total zerbeulte Spielzeugauto: Sobald der kleine Bruder damit spielen will, nimmt die große Schwester es ihm weg. Vielleicht ist es auch die kleine Schwester, die sich unbedingt das ferngesteuerte Auto vom großen Bruder schnappen will. So oder so, langsam macht dich das echt sauer – du kannst doch nicht alles immer doppelt anschaffen. Außerdem habt ihr mehr als genug Spielzeug, da kann man sich doch wirklich mal abwechseln!

Der Perspektivwechsel
Der Blick auf dein Kind

Dass Teilen nicht „Für immer verlieren" heißt, wissen insbesondere kleine Kinder noch nicht. Für sie ist ihr Eigentum ein wertvoller Schatz, der gehütet werden muss. Dein Kind ist also ständig in Sorge um seinen Besitz und in Habachtstellung, um ihn zu verteidigen. Dass seine Sachen seine Sachen bleiben, auch wenn ein anderes Kind damit spielt, kann es noch nicht verstehen. Denn Teilen ist ein Entwicklungsschritt, der mit der Fähigkeit des Perspektivwechsels und der Empathie einhergeht und zumeist erst im vierten Lebensjahr beginnt.

Im Kindergarten mit den gleichen Spielsachen zu spielen und sich sogar abzuwechseln, ist für Kinder hingegen seltener ein Problem. Hierbei geht es nämlich um Dinge, die keinem einzelnen Kind gehören, sondern allen gleichermaßen zur Verfügung stehen.

Gerade unter Geschwistern sind diese Grenzen oft nicht ganz klar, da häufig ausgedientes Spielzeug an jüngere Geschwister „vererbt" wird – beispielsweise Duplo-Steine, wenn Lego Einzug hält, oder das einst heiß geliebte Laufrad, wenn es das erste Fahrrad gibt. Hier entsteht gleich ein doppelter Konflikt: Das ältere Kind muss sich überwinden, loszulassen und das Spielzeug dem jüngeren Geschwisterkind *wirklich* zu überlassen, während dieses sich ständig in der Gefahr wähnt, seinen neuen Schatz wieder zurückgeben zu müssen. Das eine solche Situation für die Kids nicht ganz ohne ist, muss wohl nicht extra erwähnt werden.

Der Blick auf dich

Was für eine unangenehme Situation! Was sonst eigentlich kein Problem scheint, tritt ausgerechnet beim ersten Spielbesuch zutage. Besonders vor der anderen Mutter fühlt es sich wirklich nicht gut an, wenn das eigene Kind nicht teilen mag und auf jedes einzelne Spielzeug Anspruch erhebt.

Teilen zeugt von sozialer Kompetenz und einem Verständnis von Gemeinschaft – der Anspruch, dass dein Kind diese sozialen Eigenschaften entwickelt, lastet auf deinen Schultern. Dass es in der oben dargestellten Situation auf sein Eigentum beharrt und partout nichts abgeben möchte, wirft gefühlt auch ein zweifelhaftes Licht auf dich als Mutter. Schließlich müsstest du deinem Kind doch längst beigebracht haben, dass es manche Sachen auch mal abgeben muss – oder?

Die Sorge, dass unsoziales und egoistisches Verhalten gar dazu führen wird, dass dein Kind keine Freunde finden wird oder seine Freundschaften darüber zerbrechen werden, macht dir zusätzlich zu schaffen. Schließlich wünschst du dir für dein Kind ein sicheres soziales Umfeld und darüber hinaus feste Freundschaften, die möglichst lange bestehen.

Bei Geschwisterkindern kommt noch dazu, dass es so aufreibend für dich ist, immer wieder für Gerechtigkeit sorgen und Streit schlichten zu müssen (schau dazu noch mal im Kapitel „Wie lässt sich Geschwisterzoff am besten schlichten?" auf Seite 102 nach). Denn egal, ob es um Spielzeuge, den letzten Keks oder die neue Zahnbürste geht, Anlass zum Streit gibt es für Geschwister schließlich an allen Ecken und Enden.

Die Reflexion

Nimm dir für diesen Teil bitte 15 Minuten Zeit.
Kannst du die folgenden Fragen beantworten?

Welche Rolle spielt das Thema „Eigentum" in eurer Familie? Wie geht ihr Eltern mit eurem persönlichen Eigentum um, wer darf darüber verfügen?

. . . .

. . . .

. . . .

. . . .

Welche Werte sind dir darüber hinaus wichtig und wie lebst du sie deinem Kind vor?

. . . .

. . . .

. . . .

. . . .

Welche Werte und sozialen Eigenschaften wünschst du dir für dein Kind, wenn es ganz auf eigenen Beinen steht und ausziehen möchte?

. . . .

. . . .

. . . .

. . . .

Beobachte dein Kind. Was glaubst du, in welchem Entwicklungsschritt es sich gerade befindet? Welche ersten sozialen Eigenschaften lassen sich schon jetzt erkennen?

. . . .

. . . .

. . . .

. . . .

. . . .

Gemeinsam aus dem Mamsterrad

Was du für dein Kind tun kannst

Dein Kind muss erst lernen, dass gegenseitiges Teilen auch Freude bereitet – meistens tut es das im vierten Lebensjahr. Ist es noch jünger, gestehe ihm daher zu, über seine Schätze selbst zu verfügen. Setze dich nicht über seinen Wunsch, heute etwas nicht teilen zu wollen, hinweg. Das könnte seine (normalen und seiner Entwicklung geschuldeten) Ängste noch schüren, statt ihm Sicherheit zu vermitteln.

Schenke deinem Kind die Wörter, die es selbst noch nicht hat. Kurze Erklärungen wie „Die gelbe Schaufel ist noch ganz neu, damit möchte er heute lieber allein spielen. Nächstes Mal können wir bestimmt wieder abwechseln" entschärfen die Situation für alle Beteiligten. Und noch viel wichtiger: Du trägst damit dazu bei, dass dein Kind sich ernst genommen fühlt, und stärkst es in seiner sozialen Entwicklung.

Auch unter Geschwistern muss nicht alles geteilt werden. Daran ändern auch Streitigkeiten nichts – hier darf das zurückgewiesene Kind getröstet und in seiner Frustration begleitet werden (Frustrationstoleranz ist eine immens wichtige Fähigkeit, die nur durch gemeinsames Aushalten erlernt werden kann), das andere jedoch zunächst uneingeschränkt in seiner Entscheidung unterstützt werden. Wenn es das Gefühl hat, selbst über sein Eigentum verfügen zu dürfen, fällt das Teilen bald nicht mehr so schwer.

Was du für dich tun kannst

Wenn wir verstanden haben, dass es gar nicht um das Teilen an sich geht, sondern um das freie Verfügen über und das Wahren der eigenen

„Schätze", können wir unsere Zukunftssorgen vernachlässigen, der Entwicklung unseres Kindes vertrauen und situativen Stress vermeiden. Vor dem nächsten Spielbesuch könntest du mit deinem Kind eine „Schatzkiste" vorbereiten, in der die Lieblingsspielzeuge sicher verwahrt werden. Besprecht, dass alles, was nicht geteilt werden soll, darin versteckt, alles andere aber freundschaftlich geteilt wird. Wenn die Stimmung kippt und das Teilen auch bei den „erlaubten" Spielsachen problematisch wird, zieh dich mit deinem Kind kurz zu eurer Schatzkiste zurück. Sobald dein Kleines Sicherheit darin getankt hat, dass seine Lieblinge ganz allein ihm zur Verfügung, wird es sie vermutlich sogar von sich aus ins gemeinsame Spiel einbringen wollen.

Bei Geschwistern gilt es stets abzuwägen: Bei kleineren Dingen kann es sinnvoll sein, wirklich zweimal das Gleiche zu besorgen. Größere Anschaffungen hingegen können von vornherein als Gemeinschaftsobjekte etabliert werden. Dabei kann die Puppenküche durchaus in dem einen Kinderzimmer stehen, während es im anderen Zimmer einen Kaufmannsladen gibt.

Wie wäre es, wenn du dich einfach zurücklehnen und Vertrauen in die Entwicklung deines Kindes haben dürftest? Werte, die du ihm vorlebst, wird es nämlich zu gegebener Zeit verinnerlichen und selbst leben. Oft ist das jedoch nichts, was schon im Kleinkindalter passieren muss oder gar kann.

Endgegner Trotzanfall – Wie werden wir das schnell wieder los?

Die Situation

Hui, heute Nachmittag liegt aber noch viel an: Die Bücher müssen dringend zurück in die Bücherei, Waschmittel und die einzig akzeptierte Kinderzahnpasta sind alle, und das Abendessen muss auch noch eingekauft werden. Also schnell in die Kita! Das Abholen hat sogar einigermaßen reibungslos geklappt, erste Erledigungen sind auch geschafft, aber deine Einkaufstasche ist schon ganz schön schwer, und eigentlich möchtest du nur noch nach Hause. Mist, Milch vergessen! Noch schnell in den Supermarkt, dann habt ihr wirklich alles.

Etwas später steht ihr schon an der Kasse, und da dein Kind sich in der Süßwarenabteilung schon etwas aussuchen durfte, bist du guter Dinge, dass ihr das Geschäft gleich zügig verlassen könnt. Doch dein Kind hat andere Pläne. Es steht am Naschregal an der Kasse und wünscht sich plötzlich nichts sehnlicher als einen Schokoriegel. Geduldig erklärst du ihm, warum das nicht mehr drin ist, schließlich hat es sich schon etwas ausgesucht, und die Abmachung ist, dass es nur eine Sache gibt. Und außerdem: So kurz vor dem Abendessen gibt es eigentlich sowieso gar nichts Süßes mehr!

Doch dein Kind hört dir nicht zu, es quengelt einfach weiter. Dich ärgert das. Du bemerkst die Blicke der anderen Wartenden in der Schlange und hörst leises Gemurmel: „Also so was hätte es bei mir nicht gegeben." Von der anderen Seite wird dir zugeraunt: „Ach, das arme Kind, jetzt geben Sie ihm doch das Riegelchen!"

In deinem Kopf rauscht das Blut, dir ist heiß, und du überlegst fieberhaft, wie du da jetzt schnellstmöglich rauskommst. Du konzentrierst dich voll auf dein Kind, willst es gerade liebevoll, aber bestimmt auffordern, endlich Ruhe zu geben und mit dir zu kommen, da kommt es zum Super-GAU: Dein Kind wirft sich vor aller Augen auf den Boden und bricht in der Lautstärke „Fußballstadion" zeternd und wütend in Tränen aus.

Der Perspektivwechsel
Der Blick auf dein Kind

Kinder agieren in ihren ersten Lebensjahren hauptsächlich über Impulse und Emotionen, das haben wir ab Seite 42 anhand des „Gehirn-Hauses" erläutert. Das bedeutet, dass dein Kind bei einem Trotz- bzw. Wutanfall gar nicht anders reagieren *kann* – es ist „gefangen" in seinen es nahezu überrollenden, heftigen Emotionen und verfügt noch nicht über die Kompetenz, rationale Sichtweisen zu verstehen oder danach zu handeln.

Wir Erwachsenen hingegen haben das ausschließliche Leben in der Gefühlswelt verlernt, weil wir uns im Laufe unseres Lebens Strategien angeeignet haben, die uns aus unliebsamen Situationen heraushelfen. Wo es selbst uns aber manchmal schwerfällt, eine passende Alternative zu einem Gefühlsausbruch zu entwickeln, wissen Kinder noch nicht einmal, dass es so etwas wie einen Plan B überhaupt gibt. Du weißt schon: Kinder leben im Hier und Jetzt, die Fähigkeit der Weitsicht über den aktuellen Moment hinaus entwickelt sich erst noch, und auch das Handwerkszeug, entsprechend zu reagieren.

Hinzukommt, dass Kinder zum einen oft noch gar nicht verstehen, was da gerade genau mit ihnen passiert, weil sie Gefühle wie beispielsweise Wut oder Scham nicht genau zuordnen können. Zum anderen sind sie selten schon in der Lage, ihre Probleme in für alle verständliche Worte zu fassen. Je kleiner dein Kind ist, desto hilfloser ist es daher auch.

Übrigens ist ein Gefühlsausbruch wie ein Trotzanfall auch für dein Kind immens anstrengend, denn es erlebt die Wut nicht nur mental, sondern spürt sie auch körperlich. Das, in Verbindung mit seiner Überzeugung, dass jetzt alles aus ist und es mit Sicherheit nie wieder Schokolade gibt, zehrt enorm an seinen Kräften.

Der Blick auf dich

Ein Kleinkind, das von seinen Emotionen überrollt wird, kann wahnsinnig anstrengend sein, vor allem, weil uns der „normale alltägliche Wahnsinn" oft ohnehin schon immens viel abverlangt. Wir stehen also dauerhaft unter Strom, und unsere Nerven sind zum Zerreißen gespannt. Das hat zur Folge, dass unser Körper vom Stresshormon Cortisol überflutet wird, welches nicht mehr ausreichend abgebaut werden kann. Die dringend notwendige Entspannung bleibt aus.

Wenn wir derart unter Stress stehen, ist unser Gehirn komplett auf „Notfall" programmiert. Das heißt, wir sind in diesem Zustand gar nicht in der Lage, Mitgefühl zu empfinden. Beim Zusammenleben mit einem Kleinkind stellt diese (Nicht-)Gefühlsbasis eine besonders schwierige Herausforderung dar, denn abgesehen davon, dass es uns in entspanntem Zustand deutlich besser ginge, könnten wir auch unser Kind einfühlsamer begleiten und ihm somit leichter aus seiner Wutfalle heraushelfen.

Hinzukommt, dass in einem Supermarkt, wie in unserem Beispiel, selten Verbündete zu finden sind. Und unsere Schwachstelle, uns von der Meinung anderer abzuschirmen, fällt uns extrem auf die Füße. Selbst, wenn es nur Blicke sind, die wir interpretieren. Der enorme Druck, den wir spüren, wächst weiter und damit auch unsere innere Anspannung und der Wunsch, diese unangenehme Situation möglichst schnell wieder in den Griff zu bekommen.

Wir nehmen das Verhalten unseres Kindes persönlich und fühlen uns angegriffen und nicht gehört, wenn es auf unsere Bitten und Lösungsvorschläge nicht reagiert. Das Gefühl, dem Bild der guten Mutter mal wieder nicht gerecht zu werden, kriecht langsam unseren Nacken hoch, und wir verurteilen uns dafür.

Die Reflexion

Nimm dir für diesen Teil bitte 15 Minuten Zeit.
Kannst du die folgenden Fragen beantworten?

Erinnerst du dich daran, wie mit vermeintlich „schlechten" Gefühlen in deiner Kindheit umgegangen wurde? Durften all deine Gefühle Platz haben oder wurden sie eher kleingeredet?

. . . .

Wie kannst du heute mit deinen eigenen eher negativen Gefühlen umgehen, kannst du ihnen Raum geben oder schiebst du sie lieber zur Seite?

. . . .

Welche Situationen fallen dir ein, in denen du typischerweise wütend wirst?

. . . .

. . . .

. . . .

. . . .

Blättere noch einmal zurück auf Seite 36. Mit welchen (unbefriedigten) Bedürfnissen kannst du deine Wut in Verbindung bringen und wie kannst du dieses Wissen zukünftig positiv für dich nutzen?

. . . .

. . . .

. . . .

. . . .

Gemeinsam aus dem Mamsterrad
Was du für dein Kind tun kannst

Viele Mütter sind aus eigener Prägung heraus versucht, unangenehme Gefühle schnellstmöglich zu beseitigen, denn die hatten, als wir klein waren, selten Raum. Gib deinem Kind aber die Chance, all seine Gefühle spüren zu dürfen, sie zu begreifen und verarbeiten zu lernen. Hilf ihm, seine Gefühle kennenzulernen, indem du sie benennst und ihm damit hilfst, sie zu erkennen und einzuordnen. Mit einem authentischen und der Situation angepassten „Puh, du bist aber wütend, das kann ich richtig sehen!", spiegelst du dein Kind, es fühlt sich verstanden und ernst genommen. Es verspürt nicht mehr den Drang, dich von seiner Misere überzeugen zu müssen, sondern merkt, dass du es verstehst.

Denke wieder daran: Was du sehen (und vermutlich auch ziemlich gut hören!) kannst, sind nur die *Symptome*, der Schokoriegel ist kein Bedürfnis, sondern nur der Auslöser (siehe unsere Pyramide auf Seite 26). Überlege, welche (unbefriedigten) Bedürfnisse sich tatsächlich dahinter verbergen könnten – nach einem anstrengenden Tag im Kindergarten sind das vermutlich Ruhe oder Nähe (vergleiche dazu unsere Liste mit einer Auswahl an Bedürfnissen auf Seite 36). Dann denke darüber nach, wie du diese Bedürfnisse grundsätzlich besser erfüllen kannst als mit einem Schokoriegel und wie du reagieren möchtest, wenn „das Kind nun schon einmal in den Brunnen gefallen ist".

Es geht also gar nicht darum, deinem Kind jeden spontanen Wunsch von den Augen abzulesen und ihn zu erfüllen, sondern darum, seine grundlegenden Bedürfnisse zu (er-)kennen und diese wahrzunehmen. Du wirst deinem Kind damit helfen, später selbst gut auf sich und seine Bedürfnisse achten zu können.

Was du für dich tun kannst

Nimm die Wut deines Kindes nicht persönlich. Es möchte dich nicht vorführen oder gegen deinen Wunsch handeln, es kennt schlichtweg keine Alternative.

Direkt in der Situation hilft wahrscheinlich nur eins: Atme tief durch, bleib bei dir und deinem Kind, lass die Leute reden und klopfe dir selbst auf die Schulter, denn das, was du da gerade durchmachst, ist nicht ohne. Überlege dir in einem ruhigen Moment Strategien, wie du zukünftig in diesen Situationen reagieren möchtest, und hadere nicht mit dir, wenn es nicht auf Anhieb klappt. Du hast jeden Tag die Chance, es neu zu versuchen.

Übrigens: Ist dir schon einmal aufgefallen, dass du mit einem Wutanfall deines Kindes wahrscheinlich viel besser umgehen kannst, wenn es dir selbst gut geht und du tagsüber gut auf dich achten konntest?

Versprochen –
der Wutanfall deines Kindes geschieht nicht, weil es dich ärgern will – es handelt *für* sich, nicht *gegen* dich. All seine (und deine!) Gefühle dürfen sein, liebevoll begleitet und im passenden Moment besprochen werden – auch, wenn das manchmal ganz schön Nerven kostet.

Hauen, beißen, treten – Wie kommen wir da bloß heil wieder raus?

Die Situation

Du hast dein Kind aus dem Kindergarten geholt und jetzt seid ihr auf dem Weg zum großen Spielplatz im Park. Dort wollt ihr Freunde treffen, ihr habt euch zu einem kleinen Picknick verabredet. Direkt an die Sandkiste grenzt eine Wiese, dort kann man wunderbar schattig sitzen, ein bisschen quatschen und den Kindern beim Spielen zusehen.

Während die Kids also in der Sandkiste zugange sind, erzählt dir deine Freundin aus ihrer Kita – da gibt es doch ein Kind, dass andere Kinder beißt! Das soll beim nächsten Elternabend thematisiert werden, mal sehen, was die Betreuungspersonen vorschlagen.

Plötzlich siehst du aus dem Augenwinkel, wie dein Kind das deiner Freundin schubst. Orrr, nicht schon wieder! Du rufst ihm zu, dass es nicht schubsen soll, denn das macht man nicht, wenn das noch mal passiert, geht ihr sofort nach Hause. Dann widmest du dich wieder deinem Gespräch. Eine Weile ist alles ruhig, da siehst du plötzlich, wie dein Kleines von einem fremden Kind mit der Schaufel gehauen wird – und zurücktritt. Also, das geht ja mal gar nicht! Du gehst zu den Kindern, doch als du bei ihnen ankommst, ist das fremde Kind schon verschwunden und deins wieder in sein Spiel vertieft.

Der Nachmittag verläuft zum Glück ohne weitere Störungen, und es wird Zeit, den Heimweg anzutreten. Du rufst dein Kind und zückst noch schnell deinen Kalender, um direkt einen neuen Termin mit deiner Freundin auszumachen – da kneift dich dein Kind in den Po. Du ignorierst es, bloß nicht zu viel Aufmerksamkeit dahin lenken, sonst denkt dein Kind noch, es ist erfolgreich damit, dich auf diese Art abzulenken. Es wird doch wohl mal kurz warten können. Doch es hört nicht auf, sein Kneifen wird sogar doller. Schließlich herrschst du es wütend an: „Wenn du damit nicht sofort aufhörst, können wir so was eben nicht mehr machen!" Mann, bist du sauer!

Der Perspektivwechsel
Der Blick auf dein Kind

Hauen, beißen und kratzen sind in den ersten Lebensjahren gar nicht so selten. Und dabei kann dieses unerwünschte Verhalten so viel bedeuten: Es kann für Liebesbeweise stehen oder eine Kontaktaufnahme, aber auch für Unmut, ein Sich-abgrenzen-Wollen oder sich Zur-Wehr-Setzen. Kinder haben schlichtweg keine Idee, wie sie ihre Belange anders kommunizieren und ihre Gefühle zum Ausdruck bringen sollen.

Ähnlich wie bei dem Trotzanfall an der Supermarktkasse im letzten Kapitel steckt dein Kind auch hier im Erdgeschoss seines „Gehirn-Hauses" fest. Ihm fehlt der Zugang in die „kognitive Ebene", und damit der Weitblick oder die Handlungsalternativen, um sein eigentliches Ziel zu erreichen.

Auch die richtigen Wörter, die seine Gedanken oder Gefühle erklären könnten, fehlen ihm noch. Also versucht es, seinem Bedürfnis auf körperlichem Weg Ausdruck zu verleihen, mit Händen und Füßen (und mitunter Zähnen) sozusagen.

Besonders häufig ist dieses Verhalten zu beobachten, wenn ein Kind in seinem Umfeld von größeren Kindern umgeben ist (beispielsweise größeren Geschwistern oder beim Wechsel von der Krippe in den Elementarbereich des Kindergartens).

Was meist unter Kindern stattfindet, tritt manchmal auch zwischen Kind und Eltern auf. Wenn dein Kind dich haut oder beißt, hat das ähnliche Ursachen wie bei seiner nonverbalen Kommunikation mit anderen Kindern. Leider lassen diese sich selten ganz eindeutig ausmachen. So kann zum Beispiel Beißen von „Ich hab dich zum Fressen gern" bis „Ich möchte den Schlafanzug nicht anziehen!" alles heißen und ist zudem wie auch Hauen oder Treten oft ein Ventil zum Abbau angestauter oder überschüssiger Energien.

Durch die noch nicht ausgereifte Fähigkeit, die Perspektive des Gegenübers einzunehmen, kann dein Kind seine eigene Kraft noch nicht einschätzen und schießt häufig über das Ziel hinaus, ohne es steuern zu können oder gar selbst zu bemerken.

Der Blick auf dich

Von seinem Kind gehauen, getreten oder anderweitig verletzt zu werden – puh, das fühlt sich so richtig mies an. Sofort schrillen bei uns die Alarmglocken: „Was mache ich falsch?" oder „Hat mein Kind mich denn gar nicht lieb, wenn es mir wehtun will?" sind Sätze, die uns dann nicht selten in den Kopf schießen.

Außerdem ist uns gerade vor anderen solch „ungezogenes" Verhalten echt unangenehm, schließlich legen wir doch großen Wert auf ein friedliches Miteinander und leben es unserem Kind auch vor (vergleiche dazu die Reflexion aus dem Kapitel „Warum will mein Kind nicht teilen?" auf Seite 134).

Hinzukommt, dass so ein Verhalten – so glauben wir – auch auf uns als Eltern ein schlechtes Licht wirft, schließlich muss unser Kind das ja irgendwo gesehen und gelernt haben.

Und last, but not least fühlen wir uns so hilflos, wenn unser Kind einfach immer weitermacht, obwohl wir es zur Vernunft zu bringen versuchen. Als Erwachsene haben wir schließlich gelernt, durch Reden Kompromisse herbeizuführen oder eine anderweitige Einigung zu erzielen. Dass unsere Bemühungen dahingehend einfach nicht gehört oder beachtet werden, frustriert, und wir wissen nicht mehr weiter.

Die Reflexion

Nimm dir für diesen Teil bitte 15 Minuten Zeit.
Kannst du die folgenden Fragen beantworten?

Welche automatisch ablaufenden Gedanken kommen dir in den Sinn, wenn du dein Kind bei unerwünschtem Verhalten beobachtest?

. . . .

. . . .

. . . .

. . . .

Was glaubst du, ist in diesen Momenten deine Aufgabe und Pflicht als Mutter? Was befürchtest du, wenn du diesen Aufgaben nicht gerecht wirst?

. . . .

. . . .

. . . .

. . . .

. . . .

Erinnerst du dich, wie in deiner Kindheit mir unerwünschtem Verhalten umgegangen wurde? Wie hast du dich dabei gefühlt und was hättest du dir stattdessen gewünscht?

. . . .

. . . .

. . . .

. . . .

An herausfordernden Tagen kann es dir helfen, auf ein vorgefertigtes Muster, einen „Ablaufplan", zurückzugreifen. Schreibe dir möglichst detailliert auf, wie du in ähnlichen Situationen zu unserem Beispiel vorn zukünftig reagieren möchtest. Mit der Zeit wird es dir leichter fallen, bei deinem Kind und dir zu bleiben und „aus dem Effeff" nach deinem Plan zu handeln.

. . . .

. . . .

. . . .

. . . .

Gemeinsam aus dem Mamsterrad
Was du für dein Kind tun kannst

Sag deinem Kind, was du *nicht* möchtest. Und zwar jedes Mal wieder, auch, wenn es dir gerade unangenehm ist und du es am liebsten ignorieren würdest. Dein „Ich möchte nicht, dass du mich haust" hilft deinem Kind zu verstehen, dass das niemals okay ist, ganz gleich, in welcher Situation. Natürlich darfst du dich gegen das Hauen, Beißen oder gegen Tritte schützen. Dein Kind übrigens auch. Jedoch: Zurückbeißen, -treten oder ein kleiner Klaps à la „Jetzt schau mal, wie weh das tut!" dürfen niemals eine Option sein!

Ganz besonders kleinere Kinder brauchen für jedes „Nein" ein „Ja". In der beschriebenen Situation wäre das vielleicht: „Ich möchte nicht, dass du mich haust, aber ich habe verstanden, dass du gerade nicht mehr warten möchtest. Dann gehen wir jetzt" oder „Ich möchte nicht von dir gebissen werden. Wenn du mir zeigen möchtest, wie lieb du mich hast, dann drück mich doch einmal ganz fest".

Damit zeigst du deinem Kind, was du nicht magst, und gleichzeitig bietest du ihm eine Handlungsalternative an. Voraussetzung dafür ist natürlich, dass du eine Vermutung hast, was hinter dem unerwünschten Verhalten deines Kindes tatsächlich stecken könnte. Eine Drohung oder Bestrafung bringt an dieser Stelle aber nie etwas. Dein Kind wird sich dann aus Angst fügen, doch erreichst du dadurch weder eine Verbesserung in zukünftigen ähnlichen Situationen, noch lernt dein Kind einen anderen Umgang mit diesen. Es lernt lediglich, dass seine Bedürfnisse keinen Platz haben.

Was du für dich tun kannst

Hab Vertrauen in die Entwicklung deines Kindes und in deine Fähigkeiten als Mutter. Dass dein Kind noch nicht weiß, was sein Handeln auslösen kann (Stichwort „Perspektivwechsel" und „Empathie"), und gesellschaftlich akzeptiertes Verhalten erst lernen muss, hat nichts mit deiner Erziehungskompetenz zu tun. Das gehört zum normalen Entwicklungsprozess eines Menschen dazu.

Ärgere dich nicht darüber, was du siehst, sondern versuche herauszufinden, welches Bedürfnis hinter dem Verhalten deines Kindes stecken könnte. Damit ersparst du euch unnötigen Druck, der durch dein Schimpfen oder Drohen noch weiterwächst, und hilfst, die Situation für alle Beteiligten zufriedenstellender aufzulösen.

Bleib in Beziehung zu deinem Kind, zeige ihm durch Blick- oder Körperkontakt, dass du es siehst und bei ihm bist. Auch, wenn das Gespräch mit der Freundin verlockend ist und mal wieder so dringend nötig – dein Kind braucht dich in solchen Momenten dringender. Aber keine Sorge, auch das ist nur eine Phase, die sich mit dem nächsten Entwicklungsschritt wahrscheinlich schon wieder erledigt hat.

Was wäre, wenn du dir sicher sein dürftest, dass die „gewünschte" Entwicklung deines Kindes in seinem eigenen Tempo stattfindet und dass bei unerwünschtem Verhalten weder deine Kompetenz noch seine Liebe zu dir infrage stehen?

DER ABEND

Und jetzt: Endspurt

Der Nachmittag liegt hinter euch, ihr hattet es wirklich schön heute. Vielleicht habt ihr ihn einfach zu Hause verbracht, vielleicht habt ihr auch draußen das schöne Wetter mit Freunden genossen. So langsam stellt sich der Abend ein, der Feierabend fühlt sich für dich greifbar nah an. Jetzt noch die Abendroutine hinter dich bringen, dann hast du noch ein bisschen Zeit für dich – endlich.

Vielleicht war der Tag auch wirklich herausfordernd, du hattest viel vor und hast wieder nur die Hälfte geschafft, dein Kind war irgendwie quengelig heute (doch wieder der falsche Pullover?). Inzwischen bist du längst am Ende deiner Kräfte und willst eigentlich selbst nur noch ins Bett, endlich ein bisschen Schlaf nachholen.

Wenn der Nachmittag mit kleinen Kindern die Königsdisziplin ist, ist der Abend vermutlich die olympische Distanz – bringt er doch so viele Schritte mit sich, die nicht umgangen werden können, zu einer Zeit, in der die meisten Energien (und vor allem unsere Geduld) schon ausgeschöpft sind.

Anhand beispielhafter Situationen, die den meisten von uns das Leben schon mehr als einmal ein bisschen schwerer gemacht haben, betrachten wir in diesem Kapitel den Tagesabschluss etwas genauer. Wo verbergen sich versteckte Fallen am Abend, in die wir tappen können, welche Handlungsalternativen haben wir in Momenten, die uns unlösbar und eingefahren erscheinen?

Auch in „Und jetzt: Endspurt" können dir die beschriebenen Szenen aus anderen Momenten in eurem Tagesablauf oder nur aus anderen Familien bekannt vorkommen. Denn auch hier gilt wieder: Jede Familie hat an anderen Herausforderungen zu knabbern. Was zählt, ist, dass du die Situationen jederzeit auf eure eigenen umdenken und anpassen kannst. Und: Es gibt wieder nicht den einen richtigen Weg; was für eine Familie passt, mag für die andere gar nicht infrage kommen. Du selbst bist Expertin für *deine* Familie. Das soll und muss auch so bleiben.

Also dann: Heute *wirklich* mal früh ins Bett!

Immer dieses Chaos – Wie lernt mein Kind, sein Zimmer aufzuräumen?

Die Situation

Ihr verbringt den Nachmittag heute zu Hause und genießt es, mal keine Termine zu haben. Ihr sitzt auf dem Fußboden im Kinderzimmer und baut Landschaften auf. Doch anstatt sich auf ein Spiel einzulassen, hat dein Kind immer wieder neue Ideen, was es gern machen will. „Okay, aber dann lass uns erst alles andere wieder wegräumen." Irgendwann wird es Zeit fürs Abendessen. Du gehst in die Küche und bereitest alles vor. Als du ins Kinderzimmer kommst, um dein Kind zum Essen zu holen, trifft dich beinahe der Schlag – ausnahmslos alle Spielsachen sind im Zimmer verteilt. Aber aufräumen? Fehlanzeige, darauf hat dein Kind wie immer keine Lust, was es auch laut kundtut.

An einem anderen Tag habt ihr euch Spielbesuch eingeladen – deine Freundin ist mit ihrem Kind zu Besuch. Die beiden verschwinden sogleich ins Kinderzimmer. „Aber immer nur eine Sache zurzeit. Wenn ihr etwas anderes spielen wollt, räumt das Alte erst weg!", ruft ihr ihnen hinterher. Ihr gönnt euch in Ruhe einen Kaffee und tauscht ein paar Neuigkeiten aus, bis es langsam Zeit wird, Abschied zu nehmen. Ihr platzt also ins Kinderzimmer und fordert die Kids auf, noch fix gemeinsam aufzuräumen. Schließlich geht es schneller, wenn man es zusammen macht. Doch während ihr Bauklötzchen in eine Kiste stapelt und Schleich-Pferdchen einsammelt, bemerkt ihr, dass die Kinder nicht mit aufräumen, sondern schon wieder ins Spiel versunken sind. „Ihr sollt jetzt nicht mehr spielen, ihr sollt aufräumen!" Nichts zu machen: Die beiden helfen einfach nicht mit. „Wenn ihr nicht mit aufräumt, können wir eben keinen Besuch mehr einladen!", drohst du am Ende genervt und wirfst die letzten Kuscheltiere aufs Bett.

Warum bleibt eigentlich die Aufräumarbeit immer an dir hängen? Das nervt so sehr! Wann lernt dein Kind endlich, dass Aufräumen dazugehört?

Der Perspektivwechsel

Der Blick auf dein Kind

Kinder haben noch keinen Zugang zur Kompetenz „Ordnung schaffen", das haben wir in den Kapiteln „Wie schaffe ich es, morgens entspannter aus dem Haus zu kommen?" und „Was, wenn mein Kind auf dem Weg in die Kita jeden Stein umdreht?" (siehe Seite 58 und 66) schon gelernt. Dieses Wissen ist auch für das Thema „Aufräumen" ausschlaggebend. Denn: Für dein Kind sind seine Spielsachen alle gleich wichtig, es versteht überhaupt nicht, warum es sie wegräumen soll – es ist doch noch gar nicht fertig, damit zu spielen! Und dieses „Fertigwerden" bezieht sich dabei nicht zwingend auf den gleichen Tag, sondern kann im Gefühl deines Kindes auch in der nächsten Woche oder in drei Monaten sein.

Hinzukommt, dass das Aufräumen, also das Verstauen von Dingen in Schränken und Schubladen, Kindern nutzlos erscheint und zudem noch ziemlich langweilig. Und all die schönen Sachen hinter Schranktüren verstecken? Dann kann man sie ja gar nicht mehr sehen!

Bemüht sich dein Kind dennoch, beim Aufräumen mitzuhelfen, ist der nächste elterliche Frust vorprogrammiert: Bereits nach kürzester Zeit beginnt es nämlich wieder, mit den Sachen zu spielen, statt sie wie besprochen an ihren Platz zu räumen. Und damit wären wir wieder 13 Zeilen weiter oben. „Denn: Für dein Kind sind seine Spielsachen alle gleich wichtig …"

Erst ungefähr ab dem Grundschulalter sind Kinder in der Lage, die Wichtigkeit von Ordnung und auch Struktur zu erkennen und zu verstehen, warum beziehungsweise wofür diese überhaupt wichtig sein können. Plötzlich müssen nämlich Hefte geführt, die richtigen Bücher eingesteckt und überhaupt Stundenpläne eingehalten werden.

Wenn du dich nun fragst: Aber im Kindergarten räumt mein Kind schon gut mit auf, habe ich erfahren. Wieso das? Dann sagen wir: Was im Kindergarten zumeist schon gut funktioniert und so selbstverständlich erscheint, ist der Gruppendynamik und den festgelegten und täglich wiederkehrenden Abläufen in der Kita geschuldet.

Der Blick auf dich

Ach, Mann, kann es denn bei euch nicht ein einziges Mal ordentlich sein? Warum räumt dein Kind nicht einfach wieder weg, womit es gespielt hat, und warum kann das Spielzeug nicht im Kinderzimmer bleiben, sondern wird immerzu in der ganzen Wohnung verteilt? Bist du eigentlich die Einzige, der es wichtig ist, nicht ständig im kompletten Chaos zu versinken?

Dein Bedürfnis nach Ordnung, dein Idealbild von einem gemütlichen, aufgeräumten Zuhause und dein Wunsch, in genau *so* einem Zuhause zu wohnen, passen häufig noch nicht zu der Entwicklung deines Kindes.

Hinzukommt, dass du dich für die „Ordnungserziehung" deines Kindes verantwortlich fühlst. Deine innere Stimme raunt dir zu: Wenn du ihm immer alles hinterherräumst, wird es nie lernen, wie aufräumen geht!

Und das ist noch längst nicht alles: Oftmals hast du nämlich das Gefühl, der Löwenanteil im Haushalt läge ohnehin schon bei dir. Du bist müde, gefühlt immer alles allein machen zu müssen, und wünscht dir ein bisschen mehr Beteiligung von allen Seiten. Die anderen müssen doch wissen, wie wichtig es dir ist, dass wenigstens ein bisschen Ordnung herrscht.

Die Reflexion

Nimm dir für diesen Teil bitte 15 Minuten Zeit.
Kannst du die folgenden Fragen beantworten?

Im „Mit eigenen Gefühlen umgehen und eigene Bedürfnisse erkennen"
auf Seite 22 haben wir schon über Bedürfnisse gesprochen. Welche findest
du für dich in der oben genannten Situation heraus?

. . . .

. . . .

. . . .

. . . .

Woran merkst du, dass die Erfüllung eines oder mehrerer
dieser Bedürfnisse zu kurz kommt?

. . . .

. . . .

. . . .

. . . .

Jede und jeder von uns hat eigene Bedürfnisse, und oftmals stehen diese innerhalb einer Familie im Gegensatz zueinander. Welche Strategien oder Kompromisse kannst du mit deinen Liebsten finden, um dich dennoch besser zu fühlen?

. . . .

. . . .

. . . .

. . . .

Kinder lernen von Vorbildern. Werden in eurer Familie die Bedürfnisse aller Familienmitglieder gesehen und respektiert?

. . . .

. . . .

. . . .

. . . .

. . . .

Gemeinsam aus dem Mamsterrad

Was du für dein Kind tun kannst

Um dein Kind behutsam an das Konstrukt „Ordnung" heranzuführen, ebne ihm Stück für Stück den Weg dorthin. Zum Beispiel könntet ihr zunächst gemeinsam etwas Spielzeug reduzieren und an einem sicheren Ort verstauen. Weniger ist oft mehr, und wenn ihr die Spielsachen hin und wieder durchtauscht, bleiben sie auch länger spannend.

Eine gute Idee ist auch, es deinem Kind leicht zu machen, Ordnung zu halten. Große Säcke eignen sich gut für Stofftiere, Kisten, vielleicht sogar mit einem Deckel, für Duplo-Steine oder andere Kleinteile.

Verknüpft das Aufräumen mit Spaß: „Wer zuerst alle Kuscheltiere eingesammelt hat!" gestaltet das dröge Aufräumen kurzweilig, ein Lied unterstützt das noch. Das kann übrigens zu einem wunderbaren Ritual werden, auch gelernte und wiederkehrende Verabredungen wie „Immer vor dem Essen" können hilfreich sein.

Natürlich dürfen tolle Landschaften auch mal ein paar Tage stehen bleiben.

Freu dich auch über kleine Schritte! Sätze wie „Ich freu mich gerade doll, dass du mitmachst" oder „Ich sehe, dass du das schon weggeräumt hast", bestärken dein Kind und weisen ihm behutsam den Weg, um Ordnung spielerisch und ohne Druck zu lernen.

Was du für dich tun kannst

Vielleicht ist das einer der *wichtigsten* Punkte im ganzen Buch, also **Achtung,** hier brauchst du deine volle Aufmerksamkeit: Für die Befriedigung deiner Bedürfnisse bist du selbst verantwortlich! Du allein weißt, was dir wichtig ist, was gerade in dir vorgeht und dir fehlt. Keine anderen Familienmitglieder sind dafür verantwortlich, wenn eins oder mehrere deiner Bedürfnisse auf der Strecke bleiben.

Bedürfnisorientierung ist aber keine Einbahnstraße! Du kannst nicht immer nur zurückstecken, deine Bedürfnisse *müssen* auch befriedigt werden. Sorge also gut für dich selbst! Wenn dir Ordnung wichtig ist, stelle sie her.

Unterschiedliche Bedürfnisse innerhalb der Familie (die ganz natürlich sind) können herausfordernd sein, dürfen aber besprochen werden. Wenn sie zu gegensätzlich sind, findet gemeinsam Kompromisse, mit denen alle Familienmitglieder gut leben können. Wenn dein Bedürfnis nach Ordnung (also nach einem aufgeräumten Zuhause) auf das Selbstbestimmungsbedürfnis deiner Kinder prallt, die Socken genau dort auszuziehen, wo ihnen gerade der Sinn danach steht, könntest du versuchen, tagsüber darüber hinwegzusehen und dafür abends, bevor es ins Bett geht, noch eine gemeinsame Socken-Sammelrunde einzulegen.

Du allein bist es, die deine Bedürfnisse erkennen kann und erfüllen darf. Sorge für dich, überlege dir passende Strategien, um deine Bedürfnisse zu erfüllen (z. B. selbst für Ordnung sorgen) und halte gegebenenfalls einen Plan B bereit (durchatmen, einfach nicht mehr so genau hinsehen oder, zack, die Kinderzimmertür lässig zukicken).

Jeden Abend das Gleiche – Warum will mein Kind seine Zähne nicht putzen?

Die Situation

Der Tag neigt sich greifbar dem Ende zu. Das Kinderzimmer ist inzwischen aufgeräumt, ihr habt zu Abend gegessen, und Zeit zum Baden war auch noch. Ihr habt die Abendroutine also geschafft – wäre da nicht noch diese eine Sache, die dir vor dem Zu-Bett-Gehen bevorsteht und die mit der Zeit auch nicht leichter werden will: das Zähneputzen.

Ob du es ankündigst oder nicht, ob du – immer wieder – die Wichtigkeit des Zähneputzens und etwaige Folgen erklärst, ob du Karius und Baktus aus der Trickkiste holst: Jeden Abend beißt dein Kind seine Zähne zusammen und will sich unter keinen Umständen die Zähne putzen lassen.

Heute ist es mal wieder besonders schwer. Seit mehreren Minuten sitzt du nun schon verzweifelt auf dem Badezimmerfußboden, bittest, flehst, schimpfst und drohst.

Was sollst du bloß tun? Es heute einfach mal sein lassen? Aber Zahnhygiene ist doch so wichtig, auch wenn es „nur" die Milchzähne sind! Und wenn du dich *einmal* darauf einlässt, dann wird sich dein Kind zukünftig noch weniger vom regelmäßigen Putzen überzeugen lassen. Also doch kurz festhalten? Was sein muss, muss schließlich sein, und ein Loch im Zahn zu behandeln ist doch schlimmer und unangenehmer, als kurz festgehalten zu werden, oder?

Du startest einen letzten Versuch, um dein Kind zu überreden. Du sammelst noch mal all deine vom Tag übrig gebliebenen Kräfte und bittest erneut, jetzt nur „ganz kurz" die Zähne putzen zu dürfen, „Ich beeil mich auch!"

Vergeblich. Du bist hoch genervt. Da hörst du dich plötzlich schon wütend zischen: „Wenn du jetzt nicht mitmachst, dann darfst du nie wieder Süßigkeiten essen!" Dein Kind erschrickt und macht zögerlich einen Schritt auf dich zu.

Na bitte, geht doch! Warum nicht gleich so? Dass man aber auch wirklich immer erst drohen muss ...

Der Perspektivwechsel
Der Blick auf dein Kind

Das saß. Das, was und wie du es gerade gesagt hat, hat deinem Kind einen gehörigen Schrecken eingejagt. Nie wieder Süßigkeiten? Das wäre richtig schlimm! Das Risiko will es nicht eingehen. Und an deiner lauteren Stimme, deiner plötzlichen Distanziertheit und Härte merkt dein Kind auf einmal auch: Oh, Mama ist wütend und verärgert. Das will ich aber gar nicht. Schließlich möchte es dich ja gar nicht ärgern. Es hat schlichtweg keine *Lust*, sich seine Zähne putzen zu lassen. Das scheint nun im Vergleich aber das kleinere Übel.

Nur warum empfindet es das Zähneputzen überhaupt als so schlimm? Vielleicht ist dein Kind einfach schon zu müde vom Tag, vielleicht ist ihm das Schrubbeln mit der Bürste im Mund etwas unangenehm, vielleicht schmeckt ihm die Zahnpasta nicht, oder es will den Zeitpunkt des Putzens gern selbst bestimmen – was immer es ist, dein Kind handelt auch hier wieder nur für sich und nicht gegen dich.

Kleine Kinder haben noch kein Bewusstsein für Körperhygiene und deren Wichtigkeit. Sie wissen nicht, welche Folgen das Nicht-Putzen der Zähne tatsächlich haben kann, und selbst, wenn man sie ihnen aufzeigt, können sie diese noch gar nicht verstehen.

Deine Drohungen lösen in deinem Kind darum nur diffuse Angstgefühle aus beziehungsweise sehr konkrete, wenn es zum Beispiel darum geht, Süßigkeiten „für immer" zu verbieten. Statt ihm den richtigen Weg zu weisen, indem du es liebevoll und kindgerecht von etwas überzeugst, das es eigentlich nicht gern tun will, zeigst du ihm auf diese Weise vor allem eins: Eltern haben die machtvollere Position und sitzen am deutlich längeren Hebel. Das fühlt sich für dein Kind nicht gut an und schüchtert es ein.

Der Blick auf dich

Puh, da ist es wohl gerade etwas mit dir durchgegangen. Eigentlich wolltest du doch heute gar nicht laut werden. Du hast einen langen Tag hinter dir, sehnst dich nach Ruhe und Erholung und wünschst dir deinen Feierabend sehnlichst herbei. Kurz: Deine Geduld ist am Ende, deine beim Zähneputzen eh schon kurze Lunte ist heute ein Direktzünder. Warum kann das bitte nicht ein einziges Mal auf Anhieb funktionieren?

Dass dein Kind mindestens genauso erschöpft ist wie du, hast du einen Moment lang aus den Augen verloren. Kein Wunder, dass eure Welten aufeinanderknallen.

Darüber hinaus hast du die Fürsorgepflicht, und innerhalb derer ist es sozusagen dein „Job", dich um die Gesundheit und Pflege deines Kindes zu kümmern – dazu gehört nun mal auch die Zahnhygiene. Und besonders die Zähne müssen eben täglich gepflegt werden, weil sie den ganzen Tag über „in Benutzung" sind. Außerdem weißt du, wie unangenehm Zahnarztbesuche sein können, wenn Schäden an den Zähnen vorliegen. Das möchtest du deinem Kind (und dir), wenn irgend möglich, ersparen.

Und darum kommt es dann eben zu einer haltlosen Drohung wie oben. Denn wie gerade schon erwähnt, bist du wahrscheinlich, zudem, dass dir das Wohl deines Kindes so sehr am Herzen liegt, echt erschöpft und außerdem mit deinem Latein am Ende. Du hast dir den Mund fusselig geredet, deinem Kind immer wieder Argumente geliefert, warum das Zähneputzen so wichtig ist, ihm eine längere Gute-Nacht-Geschichte zugesagt, wenn ihr jetzt schnell putzt, also gefühlt nichts unversucht gelassen – und nichts hat geholfen. Also greifen wir irgendwann „zu harten Mitteln" und drohen mit Konsequenzen oder Strafen, die weder sinnvoll sind noch tatsächlich von uns umgesetzt werden wollen oder können.

Die Reflexion

Nimm dir für diesen Teil bitte 15 Minuten Zeit.
Kannst du die folgenden Fragen beantworten?

Das Androhen von Strafen kennen wir oft selbst aus unserer eigenen Kindheit. Erinnerst du dich an typische Strafen bei „Ungehorsam"? Welche waren das und wie ging es dir dabei, wenn deine Eltern sie ausgesprochen haben?

. . . .

. . . .

. . . .

. . . .

In welchen Situationen kommen dir heute wie aus dem Nichts Drohungen gegenüber deinem Kind über die Lippen? Und warum?

. . . .

. . . .

. . . .

Drohungen funktionieren deshalb oft kurzfristig gut, weil sie über Angst funktionieren. Versetze dich in die Lage deines Kindes: Was könnte es aus diesen Drohungen für Botschaften ableiten?

Oft werden übertriebene Strafen ausgerufen, die wir selbst gar nicht umsetzen wollen oder können. Wie lautet also deine eigentliche Botschaft hinter der Androhung und wie könntest du sie besser formulieren?

Gemeinsam aus dem Mamsterrad

Was du für dein Kind tun kannst

Dass das Zähneputzen täglich stattfinden muss, steht außer Frage. Doch es gibt ein paar Punkte, die variabel sind: Wenn die Müdigkeit deines Kindes das Putzen direkt vorm Schlafengehen erschwert, versucht gemeinsam einen günstigeren Zeitpunkt zu finden. Vielleicht möchte dein Kind diesen selbst bestimmen: „Bis wir ins Bett gehen, sollen deine Zähne geputzt sein, aber du darfst sagen, wann." Es kann auch helfen, die Zähne schon am Nachmittag gründlich zu reinigen, und ihr putzt dann vor dem Schlafengehen noch mal fix drüber und spült ordentlich mit Wasser aus.

In der Liebe und … äh … beim Zähneputzen ist alles erlaubt, was hilft: ob das eine Handpuppe ist, das liebste Kuscheltier, „Hacki Backi" auf YouTube oder das große Geschwisterkind, das dem kleineren die Zähne putzt. Übrigens kann auch eine neue (vielleicht gar elektrische) Zahnbürste ein Game Changer sein, möglicherweise in Verbindung mit einer Zahnputz-App.

Was aber NIEMALS erlaubt ist: Gewalt! Dazu zählt auch, dein Kind „nur kurz" festzuhalten und die Zahnbürste in sein kleines Mündchen zu schieben.

Was du für dich tun kannst

Gestehe dir zu, dass du müde bist – und es sein *darfst*. Der Alltag mit kleinen Kindern kann echt anstrengend sein, und gerade gegen Abend ist auch unsere Energie aufgebraucht. Dein Wunsch, dass es einfach mal funktionieren soll, ist absolut nachvollziehbar. Hab Verständnis mit dir selbst, aber plane trotzdem lieber etwas mehr Zeit ein. Zum einen mildert das den Druck, den du dir selbst machst, zum anderen verschafft dir das mehr Raum für Kreativität und Verständnis deinem Kind gegenüber. Denn je mehr Druck du auf dein Kind ausübst, desto größer wird sein Gegendruck sein. Das Androhen von von uns durchgesetzten Konsequenzen (übrigens oft nur eine andere Bezeichnung für „Strafe") bei Nicht-Kooperation hat *keinen* positiven Einfluss auf den Willen deines Kindes. Schlimmer: Es verhärtet sich der Widerstand, dein Kind weint oder schreit womöglich und versperrt sich am Ende vielleicht nicht nur dem Zähneputzen, sondern dem Ins-Bett-Gehen an sich. Wir spielen damit nämlich unsere Macht über unser Kind aus und schüren seine Angst. Durch die Drohung versteht es also nicht die Wichtigkeit des Putzens, sondern nur, dass seine Meinung nicht zählt.

Übrigens: Natürliche Konsequenzen, also Erfahrungen, die dein Kind aufgrund seiner Handlungen macht (z. B. das Entstehen eines Loches im Zahn), können gar nicht von uns beeinflusst werden.

Wir haben dir oben schon verraten: Je mehr du versuchst, etwas gegen den Willen deines Kindes durchzusetzen, desto stärker wird sein Widerstand ausfallen. Und umso anstrengender wird es auch für dich. Statt deine Macht auszuspielen, ist es darum zielführender, gemeinsam vertretbare Kompromisse zu finden.

„Ich bin noch gar nicht müde!" – Warum will mein Kind abends nicht ins Bett?

Die Situation

„Jetzt aber ab ins Bett!", hörst du dich sagen, „Geh schon mal vor und such dir ein Buch aus." Noch die Wasserflasche füllen und schnell hinterher ins Kinderzimmer, bevor dein Kind noch mal den Turbo einlegt. Es empfängt dich mit drei Pixi-Büchern in den Händchen. Eigentlich wolltest du nur eins vorlesen, es ist schließlich schon spät, und du möchtest noch ein bisschen auf der Couch sitzen und deine Lieblingsserie schauen. Vielleicht musst du auch noch ein Formular für die Kita ausfüllen, oder die Steuer ist fällig. So oder so sehnst du dich nach deinem „Feierabend". Ihr einigt euch auf zwei Bücher, dann heißt es hinlegen und Licht aus. Aber dein Kind hat andere Pläne. Nach den beiden Büchern geht natürlich die Diskussion um die dritte Geschichte los. Dann ist das liebste Kuscheltier verschwunden, als es endlich am Einnicken ist, steckt dein Kind sich versehentlich den Finger ins Auge und zack, ist es wieder hellwach:
„Ich bin noch gar nicht müde! Ich schlafe nie, Mama!" Also noch mal von vorn ...

Vielleicht schläft dein Kind aber auch allein ein. Also gibst du ihm nach der letzten Geschichte einen Kuss und verlässt wie üblich das Zimmer. Du bist noch nicht mal an der Couch angekommen, da steht dein Kleines schon wieder hinter dir, weil es Durst hat. Also Flasche holen, Kindchen wieder ins Bett bringen, unter dem Bett ein paar Monster verjagen, Gute-Nacht-Kuss, „Träum süß, mein Schatz".

Du atmest tief aus und gehst in die Küche, zum Abendessen bist du nämlich noch gar nicht gekommen. Ihr wart spät zu Hause, und alles musste schnell gehen, um den Zu-Bett-geh-Moment nicht zu verpassen, also hast du nur das „Kinderabendbrot" vorbereitet. Du überlegst gerade, was du essen könntest – da hörst du es hinter dir tapsen ... „Ich kann nicht einschlafen, Mama!" Orrrr, das darf doch alles nicht wahr sein!

Der Perspektivwechsel
Der Blick auf dein Kind

Der Tag war wirklich pickepackevoll für dein Kleines! Den ganzen Vormittag über hat es geregnet, und die Kinder konnten in der Kita nicht raus – war das eine Lautstärke im Gruppenraum! Als es dann am Nachmittag endlich vor die Tür ging, kamst du auch schon zum Abholen, und dein Kind musste sein Spiel unterbrechen. Danach wart ihr zwar nur noch schnell beim Bäcker, aber auch solche Wege sind für dein Kind voller neuer Eindrücke, die es aufsaugt wie ein Schwamm. Vielleicht wart ihr recht spät zu Hause, und der Zu-Bett-geh-Prozess musste heute etwas schneller gehen. Hinzukommen die vielen kleinen Kooperationen, die dein Kind über den ganzen Tag mit anderen Kita-Kindern, seinen Betreuungspersonen und auch mit dir eingehen musste. Aber obwohl dein Kind eigentlich hundemüde ist und sein kleiner Körper nach nichts mehr verlangt als sich auszuruhen, kann es einfach nicht zur Ruhe kommen.

Auch wenn es das vielleicht noch nicht in Worte fassen kann: Manchmal will (oder kann) dein Kleines zum Abend hin schlichtweg nicht mehr „mitmachen". Dann kann es bei deinem zügigen Tempo nicht mithalten, und der Druck, den du dabei – bestimmt noch nicht einmal bewusst – ausübst, ist ihm einfach zu viel.

Indem dein Kind nun, wenn es endlich im Bett liegt, plötzlich wieder aufspringt und umherläuft, versucht es, noch einmal „Dampf abzulassen" – aufgestaute Energie des Tages muss erst noch freigegeben, Erlebtes einmal mehr mitgeteilt werden.

Hinzukommt, dass bei Kindern besonders am Abend ein ganz besonderes Bedürfnis nach Nähe und Sicherheit aufkommt. Sie *müssen* sich einfach wieder und wieder vergewissern, dass ihre vertrauteste Person, ihr Ein und Alles, bei ihnen oder mindestens in greifbarer Nähe ist. Nur können sie dieses Bedürfnis noch nicht in Worte fassen. Was bei dir ankommt, ist darum, dass dein Kind offenbar gerade einfach alles tut, um bloß nicht schlafen gehen zu müssen.

Der Blick auf dich

Auch für dich ist der Zu-Bett-geh-Prozess mit deinem Kind nach einem langen Tag anstrengend. Selbst, wenn ihr nach der Kita zusammen nur auf dem Spielplatz um die Ecke wart – vorher bist du vielleicht noch deinem Beruf nachgegangen, und woran du wieder alles denken musstest …

Besonders die ersten Jahre mit Kindern sind – so schön und wunderbar sie auch sind! – oftmals wirklich herausfordernd, auf körperlicher, aber auch auf geistiger Ebene. Wenn du dich dann abends nur noch nach Ruhe sehnst und dein Kind dich aber einfach nicht loslassen kann, knallen natürlicherweise die Bedürfnisse aufeinander.

Das schlägt sich auf deine Stimmung nieder: Du bist ungeduldig, gereizt, ertappst dich dabei, dass du nur noch motzt und – ganz ehrlich – eigentlich kannst du dich selbst schon nicht mehr hören. Einmal mehr denkst du, dass du dir das alles ganz anders vorgestellt hast, du bist nicht die Mama, die du gern sein willst. Aber was zu viel ist, ist auch für dich einfach zu viel. Zeit für dich? Gab es lange nicht mehr. Du kannst dich schon fast nicht mehr erinnern, wann du das letzte Mal etwas nur für dich getan hast – nicht einmal deinen Gedanken kannst du in Ruhe nachhängen, geschweige denn, sie mal zu Ende denken.

Die Reflexion

Nimm dir für diesen Teil bitte 15 Minuten Zeit.
Kannst du die folgenden Fragen beantworten?

Bist du eigentlich noch in Beziehung mit dir selbst? Weißt du, wie es dir gerade geht? Also, wir es dir *wirklich* geht? Versuche, das mal in Worte zu fassen.

. . . .

. . . .

. . . .

. . . .

Welche Themen beschäftigen dich gerade und was möchtest du davon zuerst angehen und wie? Sortiere sie nach Wichtig- und Dringlichkeit, was muss schnell angegangen werden und was kann vielleicht noch warten?

. . . .

. . . .

. . . .

Unser Alltag ist oft zu voll, regelmäßige Pausen gibt es nur selten, dabei sind sie so wichtig, um unsere Energiespeicher wieder aufzufüllen. Überlege, welche kleinen Pausen du in deinen Alltag integrieren kannst (Ideen findest du in unserem Notfallplan ganz vorn im Buch).

. . . .

. . . .

. . . .

. . . .

Nimm dir deinen Kalender vor und trage dir *jetzt* mehrere Zeitfenster für die nächsten Wochen ein, in denen du etwas Me-Time für dich einplanst – fest und nicht zu verschieben. Trage sie direkt ein, am besten als Serientermin, und aktiviere die Erinnerungsfunktion.

. . . .

. . . .

. . . .

. . . .

Gemeinsam aus dem Mamsterrad
Was du für dein Kind tun kannst

Die Entwicklung deines Kindes findet in Phasen statt, die mal mehr und mal weniger anstrengend sind – für euch beide. Wenn du dein Kind beobachtest, wirst du seine Signale schnell erkennen. Schenke ihm die Zeit, die es braucht, meistens sind es nur ein paar Tage, bevor sich eure Abläufe wieder reibungsloser umsetzen lassen.

Wenn du also merkst, dass dein Kind plötzlich wieder mehr Nähe braucht oder schwerer zur Ruhe kommt als sonst, entspanne eure Nachmittage. Es ist okay, das lange vereinbarte Date mit der Kindergartenfreundin kurzfristig zu verschieben und ein paar Nachmittage nach der Kita einfach in Ruhe zu Hause zu verbringen, ohne Spielbesuch einzuladen. Kurzum: Versuche euren Alltag eine Zeit lang an das Tempo deines Kindes anzupassen, nicht andersherum.

In wilden Zeiten kannst du euch mehr Zeit für die Abendroutine einräumen, indem du einfach deutlich früher damit beginnst. Es spricht beispielsweise gar nichts dagegen, schon um halb fünf in die Badewanne zu hüpfen und in den Schlafi zu schlüpfen. So habt ihr den Teil des Abends, der noch einmal viel Kooperation erfordert, schon hinter euch gebracht, wenn die Stimmung noch einigermaßen friedlich ist, und müsst später nur noch zu Abend essen und Zähne putzen.

Achte auch darauf, dann keine lauten Gespräche oder hektischen Telefonate mehr zu führen und versuche alle Bildschirme ausgeschaltet zu lassen.

Was du für dich tun kannst

Achte nicht nur gut auf dein Kind, sondern auch besser auf dich. Unser Alltag ist oft viel zu voll, Zeit für uns selbst ist nicht nur tatsächlich selten vorhanden, wir nehmen sie uns auch nicht. So bleibt die dringend benötigte Erholung auf der Strecke, und unsere Akkus laden nicht auf.

Sowohl für die Zeit mit als auch ohne dein Kind gilt: Versuche, etwas Druck aus dem Alltag rauszunehmen – er tut weder dir noch deinem Kind gut. Statt an Geplantem festzuhalten, fällt dir vielleicht auch ein Plan B ein. Selbst, wenn ihr mal zu spät dran seid: Es hilft nicht, sich darüber zu ärgern. Nimm es auch mal, wie es eben kommt. Und hab Nachsicht mit dir selbst, du bist auch nur ein Mensch. Und mit Sicherheit ein ziemlich toller.

Auch wenn es dir anfangs schwerfällt, lass dich *wirklich* darauf ein, Punkte in eurer Tagesplanung, gerade am Abend, *bewusst* ruhiger anzugehen. Es wird nicht nur deinem Kind guttun, sondern auch dir selbst.

Pssst, sollen wir dir mal was verraten? Selbstfürsorge ist alltagstauglich! Kleine Pausen gehören genauso fest in deinen Alltag integriert wie das regelmäßige Reflektieren darüber, wie es dir *wirklich* geht. Euer Leben ist nicht starr, du darfst es jederzeit neu an eure Bedürfnisse anpassen. Denn alles, was zählt, seid ihr.

Die Sache mit dem Schlaf – Kann wirklich jedes Kind schlafen lernen?

Die Situation

„Ach, schläft sie noch nicht durch?" Du hast eine flüchtige Bekannte getroffen, und irgendwie seid ihr direkt beim Thema „Schlaf" gelandet. Offenbar sind die Schlafgewohnheiten der Kinder eins der Themen, die die ganze Welt interessieren. Trotzdem bist du nicht darauf vorbereitet, denn was sollst du schon antworten? Dass dein Kind mit drei noch mehrfach nachts aufwacht? Bäääm, unmittelbar folgt die nächste Frage: „Aber sie schläft doch inzwischen allein ein, oder?" Du schluckst schwer und überlegst fieberhaft, was du darauf erwidern könntest. Wohl eher nicht, dass du dein Kind trägst, bis es eingeschlafen ist, weil die App „Weißes Rauschen" längst nicht mehr hilft. Oder dass du an manchen Abenden wirklich stundenlang auf dem Boden im Kinderzimmer hockst, halb im Bett, halb draußen, und Händchen haltend immer wieder murmelst: „Mach doch bitte endlich deine Augen zu!", dich fragend, was du nur falsch machst oder warum es bei anderen besser funktioniert.

Also sagst du erst mal gar nichts, was zur Folge hat, dass dir direkt die nächste Frage um die Ohren fliegt, die versöhnlich klingt, dir aber in Wirklichkeit den Rest gibt: „Na, immerhin schläft sie in ihrem Zimmer. Das wurde ja langsam auch Zeit, oder?" Volltreffer, noch einer. Du versuchst, mit einem zögerlichen „Na ja ..." etwas Zeit zu schinden. Ja, dein Kind schläft in seinem eigenen Zimmer – manchmal. Zumindest ein paar Stunden, bis es nach dir ruft oder bei euch angetappst kommt, du es in sein Bettchen zurück- und es wieder zum Schlafen bringst. Okay, und in gaaanz seltenen Fällen wiederholt sich dieses Prozedere bis in die frühen Morgenstunden ... Oft aber auch nicht, denn da schläft dein Kleines gleich im „großen" Bett ein und bleibt auch hier. Dass ihr das Familienbett deswegen noch gar nicht abgebaut habt, verschweigst du lieber.

Der Perspektivwechsel
Der Blick auf dein Kind

Der kindliche Schlaf ist sehr empfindlich und in der Regel das, was am leichtesten aus dem Takt gerät und gestört wird. Sobald dein Kind in einer neuen Entwicklungsphase ist, wenn es Zähne bekommt oder krank wird, wenn es wächst, wenn es etwas zu verarbeiten gibt, wirst du wahrscheinlich ein verändertes (und oft verschlechtertes) Schlafverhalten feststellen. Auch der Schlaf*bedarf* ändert sich im Laufe der Kindheit und hängt von der Entwicklung deines Kindes, aber auch von vielen äußeren und zum Teil tagesaktuellen Faktoren ab. Achte also gut auf dein Kind und versuche zu erkennen, in welcher Phase es gerade steckt, was es am Tag erlebt hat und wie sein Schlafbedarf demnach sein könnte, um ihm da entgegenzukommen.

Eine Sache noch, die wirklich, wirklich wichtig ist: Bitte lass dein Kind nicht „schreien", damit es das Allein-Schlafen „lernt". Das wird es dann zwar, aber nicht, weil du ihm „seinen Willen nicht hast durchgehen lassen". Sondern weil es, wenn es weinend allein gelassen wird, höchstwahrscheinlich vor allem lernt, dass niemand kommt, wenn es Hilfe braucht, und dass es auf sich allein gestellt ist. Evolutionsbiologisch sicherte es Babys und kleinen Kinder aber das Überleben, lautstark auf sich aufmerksam zu machen, wenn sie allein waren und sich unwohl fühlten. Und auch heute haben sie oft keine andere Möglichkeit, ihren Eltern mitzuteilen, dass etwas nicht stimmt oder sie etwas brauchen, wenn diese nicht in ihrer unmittelbaren Nähe sind. Zeige deinem Kind also, dass du da bist, lass es spüren, dass du es siehst, seine Belange ernst nimmst und immer da bist, wenn es dich braucht. Lass es nicht in seiner Verzweiflung allein. Das mag eine Weile anstrengend sein, vor allem am Abend, wenn du selbst erschöpft bist. Doch diese Anstrengung und Extra-Aufmerksamkeit stärkt die Bindung zwischen dir und deinem

Kind und zahlt auf das Vertrauen deines Kindes ein, das es erst aufbaut. Das Vertrauen in eure Beziehung, in Beziehungen generell und am Ende auch irgendwie ins Leben grundsätzlich. Wenn dein Kind ein starkes Urvertrauen hat, ist das langfristig ein riesiger Gewinn, versprochen!

Der Blick auf dich

Schlaf ist für uns ein Heiligtum, die Lösung (okay, zumindest einiger) unserer Probleme, wir wissen einfach, wie immens wichtig er ist. Und wir wissen, wie es sich auf unser Kind auswirkt, wenn es zu wenig schläft. Darum ist uns an der „richtigen" Zu-Bett-geh-Zeit unseres Kindes so viel gelegen. Außerdem brauchen wir ein bisschen Zeit für uns oder Zweisamkeit. Wenn das nicht klappt ... Wird *dann* noch unser Nachtschlaf gestört, weil ein kleiner Helikopter durchs Bett rotiert oder eine kleine Elfe nicht wieder allein in den Schlaf findet, sind wir am nächsten Tag matt, dünnhäutig und übel gelaunt, weil wir keine Zeit hatten, wertvolle und wichtige Energien wieder aufzutanken.

Und als wäre das nicht genug, ist da noch dieser Kobold in unserem Ohr, der uns zuraunt, dass irgendwas schief läuft bei uns. Einschlafen, durchschlafen, Mittagschlaf, Familienbett oder eigenes Zimmer – so individuell die Bedürfnisse, Geschmäcker und Vorlieben sind, so pauschal werden sie von der Gesellschaft be- und vor allem *ver*urteilt. Und ob wir wollen oder nicht, so ganz abschütteln lässt sich dieses unheilvolle gesellschaftliche Hintergrundrauschen selten. Spätestens dann nicht mehr, wenn man wahnsinnig erschöpft ist und anderswo das Schlafen einfach besser klappt.

Die Reflexion

Nimm dir für diesen Teil bitte 15 Minuten Zeit.
Du kannst jetzt entweder kurz die Augen zumachen oder versuchen, die folgenden Fragen zu beantworten.

Seit du Mama bist, musst du dich noch häufiger rechtfertigen als zuvor. Welche typischen Situationen fallen dir dazu ein?

. . . .

. . . .

. . . .

. . . .

Wenn du dich dem allgemeinen „Das macht man so" anschließen und dem gesellschaftlichen Tenor folgen würdest, würde das dir und deinem Kind wirklich helfen?

. . . .

. . . .

. . . .

Du bist die Expertin für dein Leben und deine Familie. Wie fühlst du dich, wenn du (ungefragt) Ratschläge zu eurer Situation bekommst?

. . . .

. . . .

. . . .

. . . .

. . . .

Mit dem sicheren Wissen, dass *du* eure Situation am besten kennst, im Gepäck: Wie würdest du zukünftig gern auf Ratschläge reagieren?

. . . .

. . . .

. . . .

. . . .

Gemeinsam aus dem Mamsterrad
Was du für dein Kind tun kannst

Schenke deinem Kind das Vertrauen, dass du immer da bist, wenn es dich braucht, und dass es von selbst einschlafen kann.

Bevor du bei der Einschlafbegleitung eine Einschlafhilfe etablierst, überlege dir, ob das etwas ist, was du über einen längeren Zeitraum durchhalten kannst. Ein kleines Kind in den Schlaf zu tragen mag noch ganz niedlich sein, ein Zweijähriges wiegt schon deutlich mehr. Auch das Zupfen an deinen Haaren, das Knibbeln an deinem Ohr, deine Hand auf Babys Wange oder dem Bauch sind Stimulationen von außen. Wenn diese Gesten Abend für Abend die gleichen sind, werden sie schnell zur Gewohnheit. Spätestens, wenn wir selbst diese Einschlafhilfen nicht mehr anbieten wollen oder können, werden sie zur richtigen „Einschlaffalle", und es wird extrem mühsam und nervenaufreibend, sie sich mit dem Kind gemeinsam wieder abzugewöhnen.

Es wäre aber auch eine Möglichkeit, dein Kind liebevoll in den Schlaf zu begleiten und es Vertrauen aufbauen zu lassen, indem es einfach deine Anwesenheit und Nähe spürt. Dieses Vertrauen, das *Ur*vertrauen, wird es stärken und ihm helfen, auch allein wieder in den Schlaf zu finden – vor allem nachts ein immenser Gewinn für euch beide.

Hab auch du Vertrauen in dein Kind – jedes Kind kann (und wird!) schlafen lernen, auch ohne zweifelhafte Methoden. Bis es so weit ist, hab etwas Geduld und gib ihm die Zeit. Es wird sich lohnen, versprochen!

Was du für dich tun kannst

Zunächst mal: Lass alle „Das macht man so!"s sausen und höre allein auf dein Bauchgefühl. Das Thema „Schlaf" ist so individuell! Statt also deine Energie für das Aushalten schlauer Tipps und „kluger" Ratschläge zu verschwenden, finde heraus, was für euch am besten passt, behalte bei, womit es euch gut geht, und hab Vertrauen in dich und dein Kind.

Überlege dir, welche Möglichkeiten sich bieten, auch in unruhigen Nächten schlafen zu können. Baut beispielsweise ein Kinderbettchen ins Schlafzimmer oder ein größeres Bett mit gemütlicher Matratze ins Kinderzimmer, damit es sich überall für alle gut liegen lässt, wenn ihr nachts einmal „Bettchen wechsele dich" spielen müsst. Haltet vielleicht ein extra Bettzeug bereit, damit ein Elternteil zur Not auf die Couch oder ins Gästezimmer umziehen kann, wenn es im Familienbett doch zu eng wird. Und wenn ihr eine Zeit lang getrennt schlafen mögt und ein Elternteil abwechselnd durchschlafen darf – erlaubt ist, was zu *euch* passt und *euch* guttut.

Achtung, zum Hinter-die-Ohren-Schreiben: Du bist wirklich niemandem Rechenschaft schuldig, schon gar nicht in Bezug auf eure Schlafsituation! Für jede Familie funktioniert etwas anderes, und spätestens seit dem Mamsterrad-Podcast weißt du: „Wenn es dir gut geht, geht es auch deiner Familie gut."

Nachwort

Na, wie geht es dir jetzt? Hast du schon etwas mehr Verständnis für dich selbst und dein Kind entwickeln können? Konntest du schon etwas aus diesem Buch umsetzen oder sogar fest in deinen Alltag integrieren?

Bevor wir dich jetzt entlassen, liegt uns noch etwas am Herzen: Bitte halte immer vor Augen, dass es objektiv gesehene keine „perfekte" Mama gibt. Wir alle haben unterschiedliche Idealvorstellungen und leisten das, was wir in unseren entsprechenden Lebensumständen und mit unseren Prägungen zu diesem Zeitpunkt nun mal leisten können. Und auch, wenn du es dir jetzt vielleicht noch nicht vorstellen kannst, kann mithilfe dieses Buches und des Überprüfens, Hinterfragens und Anpassens deiner Einstellungen deine eigene Realität zu deiner perfekten Idealvorstellung avancieren. Bleib dazu nahbar, authentisch und verstelle dich nicht – ein größeres Geschenk kannst du deinem Kind (und dir) nicht machen.

In keinem Ratgeber wirst du die *eine* Patentlösung für alle die Fragen und Wirren rund um den Umgang mit deinem Kind und seine Entwicklung finden, denn niemand kennt dich und euer Leben besser als du selbst.

Und abgesehen davon, was wir hier schreiben, welche Ratschläge du sonst noch bekommst oder womit dich andere möglicherweise beruhigen möchten – wenn dein Bauchgefühl etwas anderes sagt, dann vertraue eher dir selbst. Du bist die Expertin eurer Familie – habe den Mut, dir selbst zu trauen. Und denke immer daran: Du bist nicht allein!

Wir freuen uns übrigens riesig, wenn du uns in einer Mail **an feedback@mamsterrad.de** davon berichtest und deine eigenen Ideen auf Instagram oder Facebook teilst. Tagge uns dann gern mit @mamsterrad und benutze die Hashtags #mamsterradbuch und #gemeinsamausdemmamsterrad, damit wir nichts übersehen.

Von Herzen Danke

Da sitzen wir nun, wo die Geschichte dieses Buches ihren Lauf nahm und die ersten Zeilen zu Papier gebracht wurden. Mit erfüllten Herzen und dankbar, unser eigenes Werk geschaffen zu haben. Uns ist völlig klar, dass wir das ohne grenzenlose Unterstützung nicht geschafft hätten.

Danke an **Travemünde** für die Ruhe, die Inspiration, den Weitblick und den frischen Wind, den wir uns in den Schreibpausen um die Nase wehen lassen konnten.

Danke an **Ilske**, die uns diese Zuflucht immer wieder ermöglicht hat.

Danke an **Marco und Patrick**, die uns uneingeschränkt unterstützen, für uns einspringen, uns den Rücken freihalten und immer wieder dafür sorgten, dass wir uns ohne Bedenken zum Schreiben zurückziehen konnten.

Danke an unsere **Töchter und Söhne**, die uns zu Müttern machen und uns zeigen, wie sehr wir lieben, wie stark wir sein und wie hoch wir über uns selbst hinauswachsen können. Ihr seid unser Mittelpunkt, unser Spiegel, unser Antrieb.

Danke an **Silke** fürs An-uns-Glauben und immer wieder Anschubsen, ohne dich wären wir nicht, wo wir sind. Und für nachmitternächtlichen Austausch, du Lieblingseule!

Danke an **Nina** fürs Zuhören, Verstehen, Unsere-Gedanken-Mitdenken und Unsere-Sprache-Sprechen, fürs Immer-wieder-Aufbauen, Inspirieren, deine Geduld und die wertschätzendste Kritik aller Zeiten.

Danke an **Michaela** fürs zum Leben-Erwecken der Mama in unserem Logo und die zauberhaftesten Illustrationen, die wir uns nur haben wünschen können.

Und last, but not least **DANKE** an unsere **Mamsterrad Community**, die hinter uns steht, uns pusht, an uns glaubt und durch ihre Treue erst möglich macht, dass es uns gibt.

Und jetzt: Is' gut.

„Nie hatte ich mehr Fragen als in der ersten Zeit als Mama. Geht es euch auch so? In unserem Heft geben wir mithilfe unserer Experten die wichtigsten Antworten. Und begleiten euch durch die schönste Phase des Lebens!"

Claudia Weingärtner, Chefredakteurin Leben & erziehen

Weitere Vorteile für dich. Jetzt gleich reinschauen!

Heft + E-Paper + Club

- Lesen zum Vorteilspreis
- das Heft bequem im Briefkasten
- tolles Geschenk aussuchen

abo.leben-und-erziehen.de

- Soziales Netzwerk • große Community
- Expertenchats • Top-Ratgeber
- tolles Prämiensystem • viele weitere Vorteile

club.leben-und-erziehen.de

WAS ZÄHLT, IST FAMILIE